I0707351

Lic. Santiago Silberman y Lic. Ornella Benedetti
(Fundadores de RedPsi)

VERDADES NO DICHAS

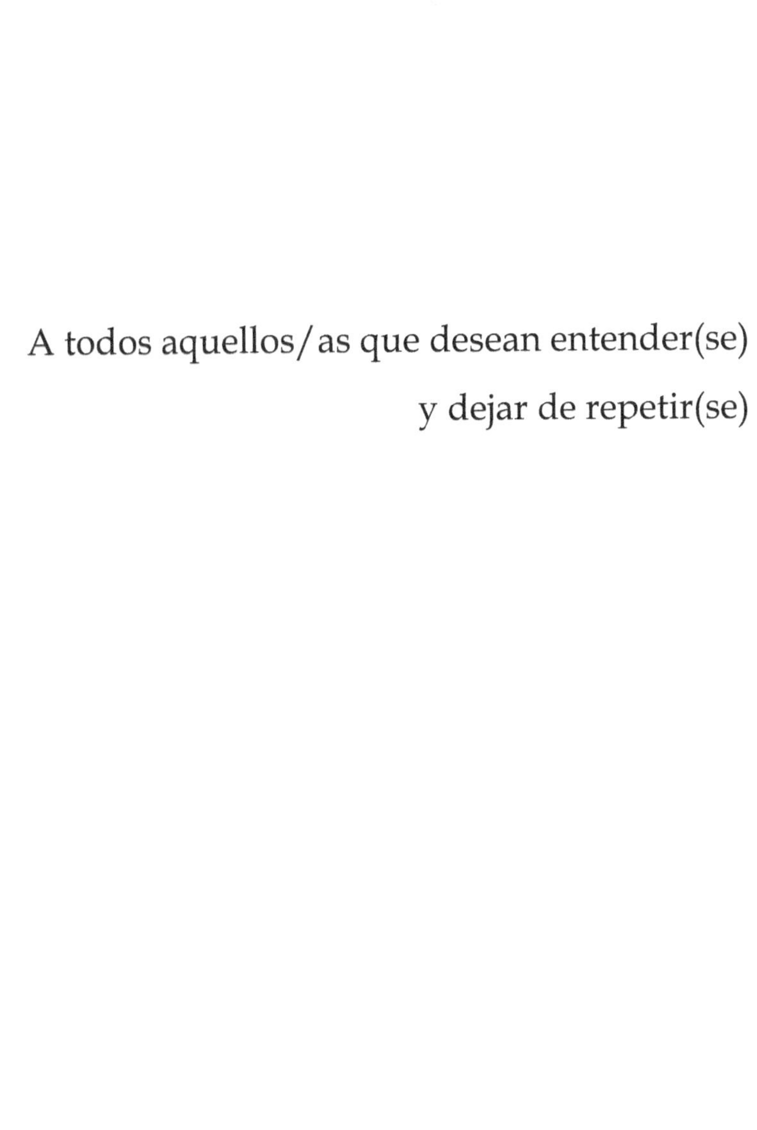

A todos aquellos/as que desean entender(se)
y dejar de repetir(se)

ÍNDICE

INTRODUCCIÓN

Los libros de psicología que más se venden son los de autoayuda. Al ser tan consumidos, nos dan la pauta de que son los mismos lectores quienes luego de leer uno, terminan leyendo otro. Parece que escribir acerca de lo que se desea leer, puede generar muchas cosas, pero nunca un cambio. Y esto es lo que sostiene el consumo.

Muchos gurús dan soluciones mágicas a los problemas, tus problemas, pero nadie te ha explicado por qué los tuviste en un primer momento. ¿No sería más interesante entender por qué nos pasa lo que nos pasa?

Somos el Lic. Santiago Silberman y la Lic. Ornella Benedetti, psicólogos y fundadores de RedPsi. Escribimos este libro con el fin de ayudar a todos aquellos interesados en la psicología y el psicoanálisis, a entenderse más y a mejorar su calidad de vida. *"¿Por qué repetimos nuestras "malas decisiones"?"*, *"¿por qué nunca estamos satisfechos?"*, *"¿es posible estar bien?"*. Estas y otras preguntas son las que iremos respondiendo.

Con *Verdades No Dichas* queremos que la psicología comience a ser "cosa de muchos", develando las verdades que solo se dicen entre psicólogos, pero que nunca te dijeron a vos. La psicología es un nicho muy cerrado, donde se escriben libros o se dan charlas casi exclusivamente para otros colegas y en un idioma muchas veces hermético por lo cientificista y/o filosófico; y donde el lector/a, si no es estudiante o profesional de la salud mental (y muchas veces incluso aún siéndolo) no entiende.

Queremos que en este libro encuentres respuestas a muchas de tus preguntas respecto a la psicología y al psicoanálisis. Intentaremos ahondar en varios temas de una forma sencilla y comprensible, con un lenguaje ameno, pero sin pecar por eso de hacerlo de forma superficial o poco profesional. Para facilitar la lectura, acompañaremos con varios ejemplos ficticios (cualquier parecido con la realidad es pura coincidencia) e imágenes de "En Terapia" (nuestra sección de Instagram), incluso algunas que hemos hecho en especial para ayudarte a comprender el libro. Al ser psicoanalistas, no pretendemos englobar en una mirada unísona todas las corrientes del pensamiento psicológico, ya que son diferentes y en muchos casos contrapuestas.

PRÓLOGO
NUESTRA HISTORIA

Somos fundadores de una red muy heterogénea: profesionales de diferentes corrientes de la psicología, con distintas opiniones sociopolíticas, económicas y culturales, etc. Por ello siempre fuimos reticentes a aparecer en público, ya que temíamos que cualquier opinión o comentario que hiciésemos, sobre cualquier temática, no represente a la totalidad de los demás miembros de la red. Pero, y como veremos en el transcurso del libro, tuvimos que aceptar que siempre habrá "un resto" y que es imposible abarcarlo todo. A fin de cuentas, no podemos gustarle a todo el mundo.

Sin embargo, ese no fue el único motivo. Una de nuestras herramientas fundamentales en la clínica es la neutralidad, la cual quisimos sostener. Pero, a fin de cuentas, y agárrense de la silla con lo que vamos a decirles, los psicólogos también somos personas: con dificultades, historias, debilidades, temores, aciertos, deseos, etc. ¿O acaso un psicólogo/a precisa no tener problemas en su vida para poder atender a sus pacientes?

Así que decidimos, sobre todo luego de que tantas personas nos consultan acerca de quiénes son los que fundaron RedPsi y se encuentran detrás de las viñetas de fondo rojo que circulan por las redes sociales, presentarnos en este libro.

Somos los licenciados Santiago Silberman y Ornella Benedetti. Nos conocimos cursando los últimos años de estudio en la Facultad de Psicología en la Universidad de Buenos Aires (UBA). Nuestra relación comenzó como dos compañeros que estudiaban juntos, y luego devino en que hoy somos pareja y hemos fundado juntos una red de psicología.

Santiago: *De pequeño siempre fui un apasionado de la psicología. Claro que en ese momento no fantaseaba con ello, sino con ser astronauta, soldado, etc. Pero de niño ya me llamaban la atención cuestiones tales como saber qué nos diferencia del resto de los animales, dónde se guardan los recuerdos o de qué parte del cuerpo provienen los pensamientos. A medida que crecí, también comencé a interesarme en otras temáticas fascinantes tales como "la locura". Debo confesar que incluso tuve una época de grandes temores debido a estas incógnitas, con miedo a que me ocurriese a mí o a mis seres queridos "ese clic" que te hace volverte "loco" y escuchar voces o ver cosas que no están en realidad allí.*

Durante mi adolescencia ya estaba decidido a estudiar psicología. Sin embargo, cuando corrí a contarle la primicia a mi abuelo paterno que era psiquiatra y psicólogo psicoanalista, no encontré la respuesta que esperaba. Con mirada inexpresiva, me reprobó en silencio, y al final me "sugirió" que lo pensara mejor, que la psicología es muy limitada, y que me serían necesarios conocimientos médicos (¡como si acaso no existiesen las interconsultas y los abordajes multidisciplinarios!). Entonces me contó la historia de un paciente que fue a consultarlo como psicólogo, por un dolor en la nuca que asociaba a su estrés. Mi abuelo, como era médico además de psicólogo, dudó acerca de la posible causa del dolor de su paciente y le recetó un estudio de imágenes, que arrojó como resultado que tenía un cáncer óseo cervical (en las vértebras de la nuca). En ese momento se me vino el mundo abajo y un gran temor a que muriesen todos mis pacientes de cáncer se apoderó de mí. Por lo que, finalmente, decidí seguir su consejo y me anoté en medicina.

Cursé hasta tercer año de la carrera, pero la aparición de tantos átomos y moléculas cuya estructura debí aprender de memoria, me ayudaron a tomar la determinación de dejar medicina y anotarme en psicología, como quise hacer en un principio.

Fue una decisión difícil de tomar, ya que cuando se invierte tanto en algo (tiempo, dinero, etc.) cuesta tomar la decisión de abandonarlo. Además, tenía sobre mis hombros el peso del orgullo familiar, de ser "el nuevo médico en la familia". Mi historia es un ejemplo, tan solo uno más, de cómo muchas veces estamos condicionados por mandatos sociales y familiares.

Paralelamente a mis estudios, comencé a trabajar. Trabajé de cadete, en atención al cliente, en varios call centers, de recepcionista, etc. Y si bien en todos esos trabajos aprendí muchas cosas y conocí a varias personas que incluso al día de hoy se han convertido en grandes amigos, siempre sentí la insatisfacción de "no estar haciendo lo que me gustaba hacer". Ese malestar fue el combustible que me empujó a idear el proyecto de RedPsi y llevarlo adelante junto con Ornella.

 **Ornella:** *Cuando era chica iba en el auto, sobre todo en los viajes largos a la playa, inventando cuentos para mi familia. Me encantaba inventar historias y ellos siempre me decían "vas a ser escritora cuándo seas grande". Finalmente, no lo fui, pero siempre me gustó leer y soñaba con escribir algo. Así que, en parte, con este libro hago algo de mi sueño realidad. ¡Ojalá les guste leerlo tanto como yo disfruté escribirlo!*

A mis catorce años empecé terapia por la pérdida repentina de un familiar muy importante para mí. No fue un duelo cualquiera. Cuando muere alguien mayor, por ejemplo un abuelo/a, es muy doloroso, pero al mismo tiempo es "lo natural de la vida". Pero, en ese momento, tuve que hacer el duelo de una de las personas más jóvenes de mi familia. Fue algo inesperado, traumático.

Debo reconocer que en ese momento no empecé terapia por mi propia voluntad, sino que fueron mis padres los que me llevaron porque "no me veían bien". La pre-adolescencia suele ser una etapa muy difícil, de muchos cambios de por sí, y cuando suceden cosas disruptivas como esta, aún más. A los quince años abandoné el tratamiento, y volví recién a mis diecisiete años, ya por voluntad propia. Fue en ese momento cuando empecé lo que en realidad podríamos llamar una terapia, un análisis.

Transité el proceso de elaboración del duelo y, en ese camino, me encontré con muchos otros interrogantes. Así es la terapia, sobre todo el psicoanálisis, donde una va en un inicio por algo, pero luego se despliegan también otras para trabajar. La terapia es algo que tiene que salir de una, eso lo entendí con el tiempo. Como analizante y como analizada, como terapeuta y como paciente.

Ya pasaron varios años y aún continúo yendo. Una no deja de conocerse, de escuchar(se) cosas nuevas, de rehacerse. Es un proceso que lleva tiempo, pero en el "mientras tanto" va cambiando. Inclusive mi escucha como analista me la dio, en gran parte, mi propio análisis. Por eso siempre insistimos con Santiago en que más allá del estudio, es muy importante para un psicólogo/a clínico dedicar tiempo a sí mismo, a escucharse. Es una profesión que ejerzo con mucho amor y deseo. Me gratifica ver como mis pacientes logran correrse de los mandatos, como comienzan a escucharse a sí mismos, cambian su historia (que no es lo mismo que su pasado) y viven una vida más plena y feliz.

La psicología es una carrera gratificante. Sin embargo, la inserción profesional es dificultosa, sobre todo cuando recién uno/a comienza a ejercerla. Aprovechando la tecnología vigente y entendiendo que la demanda de tratamientos es variada, decidimos crear una red que también fuese lo suficiente heterogénea, constituida por profesionales de diferentes edades y géneros, y con distintos enfoques terapéuticos. Sólo así podríamos asegurarnos de ofrecer, a aquel que se estuviese buscando, la posibilidad de encontrar al profesional que satisfaga la búsqueda. Pero no quisimos hacerlo de cualquier manera, ya que nuestro objetivo es brindarle a la comunidad un espacio que la proteja de caer en páginas que ofrecen atención psicológica sin dar garantías o certificaciones que avalan a sus terapeutas; o en páginas que mediante una nota escrita a mano alzada ya diagnostiquen y etiqueten a las personas por su sintomatología, invisibilizando lo singular de cada persona. No hay diagnósticos ni remedios universales.

A la par que creamos la red inauguramos sus redes sociales. La idea inicial fue publicitar nuestro proyecto, utilizando imágenes hechas por nosotros. Pero, con el tiempo, quisimos darle una nueva identidad, con una estética nueva y propia, y sobre todo ¡sin continuar infringiendo derechos de autor! Buscando opciones conocimos a nuestro actual ilustrador de las "imágenes rojas", Diego. Estas nuevas ilustraciones dieron inicio a una sección que llamamos "En Terapia" y que generó un *feedback* muy interesante con nuestros seguidores. La gente comenzó a sentirse reconocida con las escenas publicadas y nuestros *posteos* se convirtieron en un medio de interacción. Nuestros seguidores comenzaron a etiquetar a sus conocidos, comentar sus propias experiencias, expresar acuerdos y disconformidades, pedir consejos, etc. Fue en ese momento que nuestras redes sociales dejaron de ser una simple publicidad de la página web.

En Argentina, sobre todo en su capital, la Ciudad de Buenos Aires, la psicología se encuentra muy naturalizada. No hay pudor en decir "hoy tengo turno con mi psicólogo", "mi psicóloga me dijo", etc. Sabemos que no ocurre lo mismo en otros lugares del país, y menos aún en otros países donde la psicología continúa siendo una especie de tabú, una disciplina asociada con "estar loco/a", y por eso algo de lo que no se habla, que se esconde. En ciertas comunidades, parece ser que uno/a tiene que estar "muy mal" para ir al psicólogo/a.

Por suerte las interacciones en nuestras redes sociales invitaron a personas que, en otro momento hubieran permanecido callados/as, a comenzar a hablar de su salud mental sin sentirse "bichos raros". A diario recibimos mensajes de seguidores que nos agradecen porque nuestras publicaciones fueron aquello que les ayudó a tomar la decisión de empezar terapia; y también haciéndonos preguntas muchas veces imposibles de responder de forma virtual. Esta necesidad de conocer más acerca de la psicología y del proceso terapéutico, fue lo que nos inspiró a escribir este libro.

<u>ADVERTENCIA:</u> Los conceptos que abordaremos a continuación abarcan innumerables manuales escritos en un idioma cuidadosamente hermético, y no alcanzan ni diez libros como el que ahora tenés en tus manos para abordarlos en su totalidad. Incluso, muchos colegas puede que se "horroricen" con la "simplicidad" con la cual trataremos ciertos temas. Pero como el objetivo de este libro es "bajar a tierra" algunas conceptualizaciones, lo haremos de la forma más resumida y coloquial posible. ¿Están preparados/as? ¡Vamos a por ello!

LA PSICOLOGÍA Y LA SALUD

La vida no vivida es una enfermedad de la que se puede morir.

-*Carl Gustav Jung*

La psicología es una ciencia y una disciplina orientada a la salud, en específico a la salud mental. Definamos entonces qué es salud y qué es salud mental. La Organización Mundial de la Salud (OMS) define a la salud como un estado de completo bienestar físico, mental, social y espiritual. Por lo tanto, no es solo la ausencia de afecciones o enfermedades, sino también "estar bien" (bienestar). Pero, ¿qué significa "estar bien"? Alguien con cuerpo atlético y que dedique las veinticuatro horas del día a entrenar y "comer sano" nos puede parecer a simple vista como alguien que goza de una excelente salud. Pero si de esas veinticuatro horas no dedicase ninguna a sus seres queridos o a disfrutar de algún pasatiempo, ya no parece tan saludable, ¿verdad? Así como tampoco es saludable que una persona destine tiempo a sus hobbies y amistades, pero que fume como una chimenea. Entonces el término "salud" hace referencia a la existencia de un equilibrio entre "lo saludable" y el "bienestar".

En cuanto a la salud mental, la OMS la define como: "un estado de bienestar en el cual el individuo es consciente de sus propias capacidades, puede afrontar las tensiones normales de la vida, puede trabajar de forma productiva y fructífera y es capaz de hacer una contribución a su comunidad". A nosotros en particular nos gusta más la definición de salud que dio Sigmund Freud, padre del Psicoanálisis: "es la capacidad de amar y trabajar". Esta definición no excluye a la anterior, sino que la complementa.

"Amar" no solo son las relaciones amorosas, sino todo vínculo afectivo: familia, amigos, compañeros de trabajo o estudio, etc.; y engloba tanto como nos relacionamos con ellos, como así también como vivimos sin ellos: la elaboración de un duelo, una separación, un alejamiento, entre otras circunstancias. "Trabajar" hace referencia a producir algo, hacer algo. El trabajo requiere la aceptación de la realidad, ya que es imposible "hacer" en un mundo de fantasía. La creatividad es una gran actividad mental, pero si nunca se concreta nada de lo fantaseado, no hay productividad alguna. Trabajo no es solo una actividad remunerada, sino toda actividad social de producción, como: estudiar, ordenar y limpiar la casa, buscar mejores oportunidades, entre otras.

Entonces la salud para Freud es la capacidad de poder establecer vínculos con otros y realizar tareas productivas en la realidad. Cuando se presentan dificultades en las relaciones con los demás, con uno mismo o con la realidad (no siendo productivos/as), aparece lo que se conoce como síntoma. El síntoma nos anoticia de la existencia de un conflicto, de un problema.

¿EMPEZAR UN TRATAMIENTO PSICOLÓGICO?

¿Cuántos psicólogos hacen falta para cambiar una bombilla?
Uno, pero la bombilla tiene que querer cambiar.

-Chiste Anónimo

La aparición de un síntoma nos dice que algo no está marchando bien. Así como cuando en nuestra computadora aparece una notificación de alerta del antivirus, el síntoma nos anoticia de la existencia de un conflicto. Pero, ¿todo síntoma requiere iniciar un tratamiento psicológico?

Así como muchas veces seguimos utilizando nuestra computadora a pesar de que todos los días aparezcan notificaciones del antivirus intentando llamar nuestra atención, también podemos convivir con nuestros síntomas. Porque de la misma forma que existen antivirus más potentes que otros, algunas personas tienen "más defensas" para afrontar y tolerar sus conflictos. Incluso ocurre que a veces algunos pueden relativizar nuestros problemas diciendo "no es para tanto". Pero el "para tanto" no es el mismo para todos nosotros. Por ejemplo, unos padres nacidos en condiciones precarias y que hayan logrado prosperar en la vida, al escuchar a su hijo/a quejarse por algo que consideran "menor", podrán decirle "no deberías quejarte, tenés mucha suerte de no haber pasado por lo que pasamos tu madre y yo".

Pero la medida de tolerancia frente al conflicto no la da el conflicto, sino la persona. Es decir, la capacidad de tramitación que esa persona tenga frente al conflicto, ya que el conflicto en sí mismo es inmensurable. Por eso la comparación, tomando como medida un mismo problema o comparando dos distintos, no es válida. No todos tenemos instalado el mismo antivirus.

Los síntomas pueden afectar nuestra relación con los demás o nuestra capacidad productiva (¿se acuerdan de la definición de salud de Freud?). Pero son lo que se ve, la punta del iceberg, que nos anoticia que debajo del agua hay un conflicto primario que causa y sostiene ese síntoma.

Por lo general cuando comenzamos un tratamiento psicológico, lo hacemos para solucionar un síntoma. La mayoría de las corrientes psicológicas apuntan a la resolución de estos. Estas especialidades (terapias cognitivas, gestálticas, etc.) suelen, aunque no siempre, ser terapias breves y focalizadas en la resolución de ese síntoma en particular. ¡Y qué importante es su resolución!, ya que muchas veces pueden impedirnos sobrellevar nuestra vida, como por ejemplo los ataques de pánico o las fobias sociales. Incluso a veces pueden dificultarnos acudir al consultorio del terapeuta.

El psicoanálisis, corriente terapéutica desde la cual trabajamos nosotros, si bien trata los síntomas, se centra en su origen. Los psicoanalistas entendemos el síntoma como un conflicto secundario, resultado de uno primario entre lo consciente y lo inconsciente.

La existencia de diferentes tipos de psicología o corrientes psicológicas, dificulta la elección de a cuál terapeuta acudir; y es muy difícil tocar este tema sin herir susceptibilidades.

Cada tipo de terapia está sustentada en una base teórica que, si bien por lo general no se contrapone en su totalidad a las demás, de forma indirecta intenta decirnos que es la única válida. Para hacer una primera aproximación lo más objetiva posible, podemos hacer la siguiente clasificación: terapias breves y terapias largas.

Vamos a utilizar la metáfora del árbol para ayudar a diferenciarlas. Las ramas son los conflictos secundarios o síntomas, y las raíces son el conflicto primario entre el inconsciente y el consciente; desde las cuales crecen y se nutren las ramas, es decir, los síntomas. Como dijimos antes, el psicoanálisis es un tratamiento que apunta a las raíces, al origen del síntoma, y por eso suelen ser terapias más largas. Cabe aclarar que a medida que se trabaja sobre las raíces o conflictos primarios, las ramas van cayendo, desapareciendo o atenuando los síntomas.

Sin embargo, muchas veces ocurre que alguna rama del árbol "tapa el sol", impidiendo sobrellevar la vida "de una forma normal", como por ejemplo ir a trabajar o a estudiar, ¡e incluso en algunos casos pueden impedir que la persona pueda acercarse con regularidad al consultorio del terapeuta! Suelen ser ataques de pánico, fobias sociales, entre otras. En estos casos es aconsejable "cortar esa rama" primero, sin indagar en la raíz (aún). Las terapias centradas en "cortar la rama", son las terapias breves, focalizadas. Al ´ cortar una rama es probable que crezca de nuevo la misma u otra distinta, es decir, que aparezca otro síntoma. Esto se debe a que las raíces siguen allí, intactas. Al solucionar el síntoma, algunos pacientes puede que deseen indagar acerca de su origen y trabajar en ello, mientras que otros ya estarán conformes, aún con la posibilidad de una reaparición en el futuro.

En palabras más técnicas, podríamos decir que las terapias cortas no buscan volver al pasado o a las raíces, sino conectarse con el presente como por ejemplo el mindfulness o "conciencia plena" que trabajan con el "aquí y ahora". En cambio, el psicoanálisis se centra en el pasado, ya que es allí donde se formaron las raíces del árbol. Pero no vuelve para quedarse en él, sino para resignificarlo.

Jacques Lacan decía que los psicoanalistas debemos estar "a la altura de la subjetividad de la época". Todos los psicólogos tenemos la obligación de modernizarnos y actualizarnos, acompañando los cambios sociales de cada época. En la actualidad, el afloramiento de síntomas tales como las adicciones, los trastornos alimentarios, los ataques de pánico, entre otros, nos obligan a no encapsularnos en una sola corriente terapéutica sino a utilizar, en ciertos casos, herramientas de otras corrientes como complementos terapéuticos. Aquellos que, en su práctica, utilizan herramientas de varias disciplinas, no siendo su práctica clínica exclusiva de una sola línea teórica, se los conoce como terapeutas integrales.

Hecha esta clasificación inicial, de todos modos, dejamos a continuación un escueto resumen acerca de las principales corrientes terapéuticas:

. **Psicoanálisis:** trabaja con el sujeto del inconsciente. Valiéndose de los sueños, los actos fallidos, recuerdos, lapsus y chistes y haciendo, a veces, uso del diván. Los psicoanalistas invitan a re-elaborar el pasado, no para quedarse a vivir allí, sino para poder soltarlo y no repetirlo en el presente. Emprender un psicoanálisis es una apuesta a generar y a escuchar el propio deseo.

. **Terapia Cognitivo-Conductual:** existen aquellos profesionales que son cognitivos, otros conductuales, y finalmente los cognitivos y conductuales. Son tratamientos de duración corta, que apuntan a resolver problemas específicos y concretos, tales como fobia, ataques de pánico, etc. Su trabajo tiene como objetivo generar cambios en la conducta. Para ello se sirven de la psicoeducación y, en algunos casos, la realización de ejercicios o tareas asignadas por el terapeuta.

. **Mindfulness o "Atención Plena":** se trabaja invitando al paciente a prestar atención de manera intencional al momento presente, sin juzgar, permitiéndole reconocer lo que está sucediendo mientras está sucediendo, aceptando de forma activa el fluir de la experiencia tal cual se está dando. Así, aunque se experimenten experiencias desagradables, las que son inevitables en ciertos momentos de la vida, se busca ahorrar el sufrimiento añadido de pretender que aquello desagradable desaparezca. Es un trabajo de aceptación, de contemplación objetiva.

. **<u>Terapia Gestáltica</u>:** en este tipo de abordaje la relación terapéutica es de suma importancia. Es una terapia perteneciente al grupo de las llamadas terapias humanísticas, caracterizadas por no ser destinadas con exclusividad al tratamiento de enfermedades, sino también al desarrollo del potencial humano. Para ello brindan herramientas que permiten no solo superar síntomas negativos, sino también los bloqueos emocionales, para que el individuo pueda ser más libre, crecer y autorrealizarse.

. **<u>Terapia Sistémica</u>:** se entiende que el origen de los trastornos no es lineal o histórico, sino multicausal. Por eso se hace énfasis en el contexto como un conjunto, entendiendo los sistemas como un todo. De esta forma, los psicólogos sistémicos redefinen a la persona "enferma" como "portadora de un síntoma" cuyo origen se busca en la dinámica disfuncional en uno o varios de los sistemas (familiares, laborales, etc.) en los que se encuentra esa persona. El énfasis está puesto en las relaciones y en las interacciones (comunicación) de los componentes del sistema, para comprender y cambiar las dinámicas de las relaciones solucionando los problemas desde un enfoque más práctico que analítico. La terapia sistémica puede aplicarse a las parejas, a los equipos de trabajo, a los contextos escolares, a las familias y también a las personas de forma individual.

. **<u>EMDR</u>:** es una técnica terapéutica breve y focalizada. Utilizada con frecuencia para atenuar los efectos negativos de los eventos traumáticos, mediante la desensibilización y reprocesamiento de ellos a través de movimientos motores tales como movimientos oculares, palmadas en las piernas, entre otras.

. **<u>Neuropsicología</u>:** disciplina que relaciona la psicología y la neurología para estudiar los efectos que produce una lesión, daño o funcionamiento anómalo en las estructuras del sistema nervioso central sobre los procesos cognitivos, psicológicos, emocionales y del comportamiento de un individuo. Trabaja con lesiones cerebrales o disfunciones del sistema nervioso, cuyos síntomas por ejemplo pueden ser: problemas de memoria, de orientación, del habla, etc.

Como fundadores de RedPsi, si bien somos psicoanalistas, trabajamos desde un enfoque multidisciplinario e integral, entendiendo que no existe una terapia mejor que otra, sino aquella que le sirve más a cada paciente. Citando el ejemplo del árbol: algunos sólo precisan un "cortecito" de rama, mientras que otros prefieren sacar el árbol de raíz.

¿PSICOLOGÍA, PSIQUIATRÍA O PSICOPEDAGOGÍA?

El secreto de mi éxito fue rodearme de personas mejores que yo.

-Andrew Carnegie

Muchas veces suele haber una confusión respecto a qué hacen los psicólogos, los psiquiatras y los psicopedagogos. ¿Son lo mismo?, ¿en qué se diferencian?

Empecemos por la psiquiatría que, como rama de la medicina, suele valerse de la farmacología para apaciguar, y a veces "tapar", los síntomas. Aclaramos que no estamos en contra del uso de los fármacos como soportes de una terapia, ya que muchas veces se dificulta el trabajo si no se complementa con medicación. Pero no avalamos aquellos casos en que la medicación es utilizada como pilar o eje de un tratamiento psicológico.

Un antidepresivo recetado de por vida para alguien deprimido es un ejemplo exagerado, pero no por eso menos cierto. Todos tenemos algún conocido o familiar que hace años que toma antidepresivos todos los días de forma religiosa, porque si no lo hace dice que "no puede vivir". Eso no es curar un síntoma, sino "taparlo" y hacerlo perdurar en el tiempo. Es "la vía fácil" por la cual a veces se paga un alto costo: sujetos dependientes por el resto de su vida a una o varias medicaciones que además de no haber solucionado el problema inicial, posteriormente suelen causar otros como el acostumbramiento con la subsecuente necesidad de una mayor dosis, y/o el desajuste químico por la toma prolongada y continua del fármaco.

Diremos que "una farmacia en cada esquina, no es capaz de curar a una sociedad enferma". En lo que a salud mental se refiere, los psicólogos entendemos los síntomas como algo que va más allá de lo orgánico, salvo algunas patologías neurológicas tales como el Alzheimer, el Parkinson, etc. Para trabajar nos valemos de la palabra, pero ¿qué significa esto? Veámoslo con un ejemplo:

Una paciente de treinta años llega al consultorio muy angustiada porque hace poco tiempo le diagnosticaron cáncer de mama. Con el correr de los encuentros, comienza a hablar sobre la relación tóxica que tiene con su madre, con la cual convive. En una sesión, entre lágrimas e insultos, se le escapa la siguiente frase "¡estoy harta de esta relación!, ¡no la soporto más! ¡es un cáncer!". Hace referencia a que su mamá es "un cáncer" para ella, es decir que tiene un cáncer de mamá, con acento. Por supuesto son los médicos quienes tratarán su cáncer de mama, mientras que un psicólogo/a el cáncer de mamá (con tilde), poniéndolo en palabras, es decir, hablando de la relación conflictiva con su madre.

Por supuesto que esto no significa que todas las personas con cáncer de mama tienen conflictos con su madre. Nosotros siempre trabajamos con el "caso a caso", es decir que nunca hay dos iguales, a diferencia de la medicina donde todos los cánceres se tratan de una forma similar (quimioterapia, radioterapia y/o medicación). De todos modos, es interesante resaltar que cada vez hay más estudios que demuestran que algunos cánceres tienen un elevado componente psicológico. Muchas veces lo que no se dice con la boca, se expresa en el cuerpo, como por ejemplo ocurre con los síntomas psicosomáticos. Y, por algún lado, las cosas tienen que salir, ¿no?

La psiquiatría es entonces una gran aliada de la psicología. Muchas veces la sintomatología impide a un paciente "escucharse", como ocurre cuando hay ataques de pánico, elevada ansiedad o estados anímicos de intensa depresión. La farmacología permite en estos casos "callar un poco el cuerpo" y que emerjan las palabras.

La psicopedagogía, por su parte, es una especialidad que busca prevenir, detectar y tratar problemas relacionados con el aprendizaje, de forma independiente a la edad que tenga el paciente. Se vale de programas educativos y diversas técnicas que sirven para facilitar el proceso de enseñanza y aprendizaje tanto en niños, como en adolescentes y adultos. De esta forma, la psicopedagogía se especializa en los procesos de aprendizaje de la persona, mientras que la psicología se centra en la persona de forma general.

Como a través de nuestras redes sociales hemos recibido muchas consultas respecto a si se debe pedir una consulta psicológica, psiquiátrica o psicopedagógica; aconsejamos que primero se haga una consulta con un psicólogo/a, quien evaluará la necesidad de una derivación y/o interconsulta con psiquiatría o con psicopedagogía.

¿CONTARLE MIS PROBLEMAS A UN DESCONOCIDO/A?

Valor es lo que se necesita para levantarse y hablar, pero también es lo que se requiere para sentarse y escuchar.

-Winston Churchill

Si se lo piensa de forma objetiva, aparenta ser más fácil contar nuestros problemas a un desconocido que no tiene relación con nadie que conozcamos y que, casi con seguridad, no volvamos a ver en nuestros ámbitos diarios; que a un compañero/a de trabajo, facultad o colegio a quien volveremos a ver al día siguiente con la constante duda de saber qué es lo que pensarán de nuestra atormentada mente. Pero sabemos que también es difícil.

Pero ¿qué es lo que hace que compartir nuestros problemas, tanto con conocidos como desconocidos, nos sea tan difícil? La dificultad se encuentra en el hecho de que tengamos que escucharnos a nosotros mismos diciéndolo.

Durante una terapia, hay muchas ocasiones que podemos llamar como "momentos de revelación", en los que la mente nos traiciona y, mediante un fallido o un chiste, terminamos diciendo algo que no queríamos decir. Algo que se encuentra en la sombra, pero que al decirse queda bajo el foco de luz. Luego podemos desentendernos de lo dicho, esgrimir que nos equivocamos y que en realidad quisimos decir otra cosa, o incluso encubrirlo con humor y así desestimarlo. Sin embargo, aunque logremos desviar la atención de nuestro interlocutor, nosotros también nos hemos escuchado mientras lo decíamos. ¿Cómo escondernos de nosotros mismos? Tomemos como ejemplo a Alberto:

Alberto está casado hace quince años. Muchas veces se queja en sesión de la monotonía de su vida, pero sostiene el amor incondicional a su pareja y la devoción por sus hijos. Sin embargo, en una sesión, entre llantos e insultos, se le escapa "ojalá fuera fácil volver a empezar…pero ¿cómo empieza alguien de vuelta una vez que ya se construyó una vida?".

Alberto hacía mucho tiempo que daba signos de ya no tener el mismo interés por su pareja y por compartir el tiempo con su familia. Pero en esa sesión lo dijo, y ahora sabe de forma consciente algo que antes sabía de forma inconsciente.

Alberto puede volver a su casa y actuar como si no hubiese dicho nada, pero ya en su mente está el recuerdo de una verdad dicha. Una verdad de la que no puede escapar, y de la cual tiene que tarde o temprano responsabilizarse, hacerse cargo. Y responsabilizarse no implica divorciarse, comprar un descapotable e ir al mejor boliche de la ciudad; sino dejar de actuar como si nada pasase y enfrentar aquello que está pasando. Bien sea para tomar la decisión de divorciarse, o la de intentar recomponer el vínculo con su pareja. Lo que Alberto no puede es sostener de forma indefinida la situación, luego de escucharse decirla. Hay un antes y un después.

¿RESISTENCIA A SANAR?

Cuanto más intensa es esta [repetición], más ampliamente quedará sustituido el recuerdo por la acción.

- Sigmund Freud

Cuando tomamos la decisión de comprar unas zapatillas nuevas, quizás demoramos un poco la compra recorriendo diferentes locales comerciales buscando el modelo que más nos gusta o aquel que está a mejor precio. Pero al final, si las queremos comprar, las compramos. Pero comenzar una terapia, en cambio, aunque estemos por completo convencidos, no es un proceso tan fácil ni lineal.

Al plantearnos comenzar un tratamiento psicológico, surgen muchas preguntas y aparecen muchas autorespuestas. Esto se debe, en general, al desconocimiento acerca de en qué consiste un tratamiento psicológico, sumado a los prejuicios que podamos tener al respecto. Por ejemplo, hasta hace poco tiempo, era muy común considerar a una persona que iba a terapia como "loco/a", e incluso aún en muchos sitios la psicología continúa siendo tabú. Por suerte, cada vez se entiende más que quien acude a terapia lo hace para "estar mejor", nada más ni nada menos que para eso.

Además de las dudas y los prejuicios, hay otra cosa que muchas veces nos frena cuando ya tenemos decidido comenzar: la resistencia. ¿Resistencia a qué? A sanar. Para entender qué significa, veamos el siguiente ejemplo:

Juan se encuentra convaleciente desde hace ya muchos años. Presenta constantes dolores físicos de los cuales desconoce la causa. Ha realizado numerosos estudios médicos para hallar el origen de su malestar, aunque ningún profesional de la salud logró encontrar, aún, causa orgánica alguna. Curiosamente consultó con todos los especialistas posibles, excepto de salud mental.

Su esposa, Marta, tuvo que renunciar a su empleo para poder cuidarlo. Actualmente ambos viven de la pensión por incapacidad de Juan, además de la ayuda familiar. Los días de Juan se han convertido en una sucesión de salidas y puestas de sol que ve a través de su ventana mientras yace acostado en su cama, si es que no está mirando la televisión. Marta se encarga de que no le falte la comida y de ayudarlo cuando necesita ir al baño, incluso abandonando cualquier actividad que estuviese haciendo en ese momento para poder asistirlo rápidamente.

Gracias a la ayuda económica estatal y familiar, Juan no necesita trabajar. Y gracias a Marta, puede estar acostado todo el día pues tiene la seguridad de que ella siempre va a encargarse de satisfacer todas sus necesidades básicas.

De modo que esta "enfermedad" le ha otorgado ciertos "beneficios" a Juan, claro que inconscientes. ¿Está dispuesto a "curarse" y perderlos? De forma consciente puede que sí, pero inconscientemente no. Es probable que alguien con mayores aspiraciones de la vida que esas, no pueda entenderlo. Pero justamente Juan parece preferir no tener aspiraciones, ya que pueden acarrear posibles frustraciones. Buscar un trabajo implica correr el riesgo de no ser aceptado, o de luego ser echado; o estudiar implica enfrentarse al riesgo de no comprender o a la complejidad de tener que esforzarse para hacerlo, además de la posible frustración de reprobar un examen. Juan "está bien como está". Sigmund Freud conceptualizó esto como el *beneficio secundario de la enfermedad*. Cabe recalcar que no podemos adjudicar culpas a Juan por sostener esa posición, ya que, tanto el beneficio secundario como el goce, son inconscientes.

Muchas veces oímos a nuestros pacientes sufrir por tomar siempre similares decisiones que, desde afuera, aparentan ser fáciles de cambiar, pero que, en la práctica, se les hace muy difícil, y suelen repetirlas pese a ya conocer el posible resultado. Por ejemplo:

· <u>Luciana</u>: "*Quiero dejarlo a Leonardo. Me engañó y me lastimó. Sin embargo, no puedo dejar de pensar en él. No puedo dejar de amarlo*".

·<u>Facundo</u>: "*Quiero adelgazar. Sé que debería alimentarme de forma correcta y hacer gimnasia tres veces por semana. Ya me lo dijeron las cincuenta nutricionistas que visité. Pero no logro negarme a esa hamburguesa con papas fritas*".

¿Por qué pasa esto? Más allá de las dietas restrictivas que son insostenibles en el tiempo, ya que la prohibición genera el deseo, parece ser que no alcanza con saber de forma consciente que algo nos es dañino o perjudicial. Volviendo a los ejemplos anteriores, a Luciana no le alcanza con saber que Leonardo ya la engañó y que es probable que vuelva a hacerlo, como así tampoco a Facundo le basta con conocer los beneficios del deporte y la alimentación saludable. Pese a contar con estos conocimientos, aún no logran poner un freno y dejar de hacer lo mismo una y otra vez. Sigmund Freud definió este mecanismo inconsciente como *la repetición*: repetir una y otra vez algo, aunque nos haga daño. Porque, aunque Luciana deje a Leonardo, es probable que luego conozca a Pedro, quien por casualidad "le hace" de nuevo lo mismo. Lo que se repite es la historia, la escena, aún con otros actores.

Es decir que, sabiendo lo que nos dolió en el pasado o lo que nos duele en el presente, e incluso proponiendo hacer cambios para que no se repita en el futuro, terminamos de nuevo "en el mismo lugar". Las promesas y decisiones que tomamos para cambiar y dejar de repetir nos demuestran que de forma consciente padecemos lo que nos pasa. Luciana está convencida de que si vuelve con Leonardo es probable que termine otra vez siendo lastimada, así como Facundo de que si come comida rápida todas las semanas continuará con mala salud y disgustado con su imagen. Lo saben, pero así y todo no pueden dejar de hacerlo, hay algo que los empuja otra vez hacia ahí.

Parece ser que hay algo "ahí", en ese lugar al cual siempre terminamos volviendo, que de una u otra manera nos convoca, nos llama. Ya que nuestra consciencia aborrece y sufre en cada repetición, no nos queda otra opción que la de suponer que entonces hay algo más, algo inconsciente en nosotros, al que no parece fastidiarle tanto volver allí. Jacques Lacan lo llamó "goce", que es importante aclarar que no es lo mismo que placer.

El placer es el disfrute consciente. Tiene que ver con una elección enmarcada en lo que de forma ética y moral consideramos como algo "bueno". Es en lo social aceptable y en lo personal controlable. Un ejemplo de algo placentero puede ser: "voy a tomarme una rica cerveza fría el viernes". Una, quizás dos, ¡pero no cincuenta! Otro ejemplo es comprarnos helado para comerlo mirando una película, es decir que no comemos helado todos los días, sino que nos damos ese u otro "gustito" de vez en cuando.

En cambio, el goce es un disfrute inconsciente, sin una elección. Además, y muy importante, es que es un disfrute ilimitado que nunca se agota. Luciana no elige volver con Leonardo, sino que siente que no puede estar sin él, aunque conscientemente lo odie. Facundo no decide todos los domingos, mientras planea sus semanas, comer todos los días comida rápida como si de un plan calculado se tratase; sino que llegado el momento de comer siente una necesidad incontrolable por tirar la sopa que tiene frente suyo y llamar a un *delivery* que le traiga la hamburguesa más grande que exista. Porque además no es una "hamburguesita", sino que es ¡la más grande que exista!

En el goce hay una pretensión de disfrute infinito, sin límites. Y esto es así porque el límite nos lo imponemos nosotros mediante la ética y la moral, es decir, nuestra conciencia; mientras que el goce no lo imponemos nosotros, sino que se nos impone desde nuestro inconsciente. No comemos pizzas y hamburguesas todos los días porque no nos guste lo suficiente, sino porque sabemos que en exceso está mal. Hay un límite, un "no", un "hasta acá". Ya que si nuestra capacidad física nos lo permitiese (por suerte el estómago tiene una cierta capacidad) y solo nos guiamos por nuestro goce, iríamos a un restaurante libre y jamás nos levantaremos de la mesa. Sería una escena eterna.

El placer proviene de nuestra conciencia, es un disfrute que limitamos. El goce, en cambio, es inconsciente. No puede culparse a alguien por su goce, pues excede su consciencia. Por eso decimos que el psicoanalista trabaja con el sujeto del inconsciente, haciendo consciente lo inconsciente, para que luego el paciente decida, se responsabilice. Es importante resaltar que muchas veces tanto el placer como el goce coinciden en una misma actividad u objeto, pero en el caso del placer hay un límite, es "un gustito", mientras que el goce se descontrola.

Un ejemplo para entender mejor la diferencia es el tabaquismo. Muchos fumadores disfrutan conscientemente (placer) del cigarrillo. Sin embargo, muchos otros, por lo general en etapas más avanzadas del consumo, desean dejar de fumar ya que odian el olor, el sabor o el precio; pero así y todo no logran dejarlo. O lo hacen, pero al cabo de un tiempo, incluso años (lo cual nos demuestra que no es solo algo químico), vuelven. Aparentemente algo, un cierto "disfrute", los retiene ahí, haciendo algo (fumando), pese a que socialmente esté "mal visto" e incluso ya no les cause ningún placer consciente. Fuman mientras se odian por hacerlo.

Debemos entender que estos mecanismos van más allá de la razón o la consciencia. Un fumador racionalmente entiende que el cigarrillo le es perjudicial a la salud. La cuestión es que gozamos de forma inconsciente de nuestro síntoma, y eso es lo que dificulta cambiar. Renunciar al goce y al beneficio secundario que puede traernos, es justamente lo que de forma inconsciente evitamos hacer mediante el mecanismo defensivo de la resistencia. Es la manera que tiene nuestro inconsciente de defenderse. No quiere soltar su goce, como un niño que no quiere dejar su chupete o caramelo.

Entonces, como ya dijimos, el goce busca un disfrute infinito, ilimitado. El placer, en cambio, al ser un disfrute limitado nos duele, ya que el "no", el límite, atenta contra la pretensión inconsciente de un disfrute infinito, y eso es algo doloroso de aceptar. "Tengo que bajar de peso, por lo que solo voy a comer chocolates los fines de semana". ¿Y el resto de la semana? El resto de la semana es "el dolor".

Que no necesariamente queramos sanar y que incluso gocemos con nuestro síntoma, es algo difícil de aceptar, es cierto. Suena ilógico, y de aceptarlo deberíamos entonces aceptar que hay algo que nos controla y que, por lo tanto, no estamos en completo control de nosotros mismos. Eso que nos controla es nuestro inconsciente. Cuando Sigmund Freud conceptualiza el inconsciente genera lo que se conoce como la tercera herida al ego humano. La primera herida narcisista fue cuando Galileo Galilei demostró que la Tierra no era el centro del Universo, y la segunda herida fue la teoría evolutiva de Charles Darwin, quien demostró que el hombre no es un ser superior y diferente a los animales, sino descendiente del mono. Galileo nos quitó del centro del Universo, y Darwin del centro de la naturaleza. Freud dio la estocada final al decir que además no somos por completo dueños de nosotros mismos.

DESEAR...DUELE

El que quiere conseguir todo debe renunciar a todo.

-Santa Teresa de Ávila

El placer dijimos que, a diferencia del goce que es un disfrute ilimitado, duele por tener un fin o límite. De la misma forma que cuando nuestras vacaciones o nuestras series favoritas terminan.

Quizás nos cuesta asociar el dolor con esas escenas, ya que lo relacionamos más con una de llantos y sufrimiento. Pero pensemos cuando los padres les apagan la PlayStation a sus hijos/as, los/as mandan a dormir, o les dicen que no les van a comprar lo que quieren. Ahí sí que hay llantos, ¿no? A lo largo de nuestra vida, hemos sufrido tantas veces por la aparición de los límites que "nos curamos de espanto". Es lo que se conoce como resiliencia. Incluso sabemos que nuestra propia vida es limitada, aunque muchas veces fantaseamos con su infinitud con el cáliz de la vida, el santo grial, el congelamiento de Walt Disney, etc. Pero, al final, no nos queda otra opción que la aceptación. Aceptar que tenemos que ir a dormir temprano, que no vamos a jugar a la PlayStation tantas horas, que "hoy no hay postre", que tarde o temprano la vida se acaba, etc.

Sin embargo, el dolor como consecuencia de los límites no es exclusivo del placer. Nos pasa lo mismo cuando deseamos, ya que nuestros deseos no siempre se cumplen, o no lo hacen en forma exacta a como los idealizamos en un inicio. Es decir, que también tienen un límite. ¿Se acuerdan de Juan, el que se beneficia de estar en la cama? Su beneficio es justamente no tener que vérselas con sus límites al poner en juego sus deseos y aspiraciones. Ya que, además de la posible frustración producto de un deseo insatisfecho o no completamente satisfecho, también duele el esfuerzo que debe hacerse para obtener lo que se desea. Para un ascenso o aumento de sueldo, debemos esforzarnos por llegar temprano y hacer bien todas las tareas que se nos asignen, para tonificar la figura y/o bajar unos kilos es necesario mover el cuerpo y resignar ciertas comidas o cantidades. Incluso si queremos conquistar a alguien que nos gusta, tenemos que hacer el esfuerzo para ir y declararnos, para vencer la vergüenza e incluso para aceptar el rechazo. Para ganar hay que estar dispuesto a perder.

Para comenzar y sostener un tratamiento psicoanalítico se tiene que tener un deseo, y esto ya nos avisa que el proceso va a requerir de un cierto esfuerzo, y por lo tanto no será un "puro disfrute". Pero, ¿deseo de qué? Deseo por saber lo que a uno/a le pasa, de "conocerse" sin importar qué cosas salgan a la luz en el proceso, más allá de los posibles "displaceres" que puedan generarse. Es un deseo de conocimiento que, a fin de cuentas, también es un deseo de sanar, que no es lo mismo que la necesidad por "dejar de sufrir".

El deseo y la necesidad no son sinónimos. Para diferenciarlos, tomemos como ejemplo la sed. Si nos perdiéramos en el desierto, caminando sin rumbo al calor del sol durante varios días, la consecuente deshidratación nos generaría la necesidad imperiosa de beber algo, ya que sino moriríamos. En nuestra cotidianeidad, en cambio, si fuéramos a un supermercado para comprar algo de beber, al no encontrarnos desesperados, nos tomaríamos el tiempo de recorrer las diferentes heladeras para sopesar las opciones disponibles, y finalmente elegiremos aquello que deseemos tomar.

Necesidad es lo que sentimos cuando nos encontramos desesperados, cuando aparentemente no podemos esperar y tomarnos nuestro tiempo para decidir. En el ejemplo del antivirus, la primera vez que vemos la notificación no estamos desesperados, y por eso decidimos seguir usando la computadora sin hacer nada al respecto. Pero cuando deja de encender es cuando sentimos la imperiosa necesidad de salvar nuestros archivos importantes de las garras del virus. Por lo tanto, si hubiésemos hecho algo al respecto la primera vez que tuvimos el aviso, hubiese sido porque deseábamos hacerlo y no porque lo necesitábamos hacer. Pero, de haberlo hecho en ese momento, hubiésemos tenido que sacrificar horas que quizás pensábamos destinar a jugar un juego o ver una serie. Nos dolería ya que habríamos tenido que resignar, perder algo.

Habrán notado que hay una especie de batalla en nuestro interior. De un lado del ring nuestro inconsciente pretendiendo gozar sin límites y, del otro lado, nuestra consciencia y la consecuente aceptación de que no se puede todo y que algo hay que resignar. Dijimos que el deseo duele por sus límites y que lo opuesto a desear es necesitar. La trampa está en que aquello de lo que gozamos, también sentimos que lo necesitamos. "Hoy tuve un día atroz, necesito comerme una hamburguesa", o "necesito jugar hoy con mis amigos online hasta las cuatro de la mañana", o "necesito terminar hoy la sexta temporada de mi serie, no me puedo ir a dormir sin saber qué pasó con mi personaje favorito", etc.

Como psicoanalistas, cuando un paciente acude a nuestro consultorio por la necesidad de curarse, uno de nuestros trabajos es convertir esa necesidad en un deseo. Solo si el paciente se permite la espera, la no inmediatez, entonces estará dispuesto a perder (tiempo, dinero, etc.) y a que duela. Lo mismo ocurre si se quiere dejar de fumar, ya que para soportar el dolor por dejar insatisfecho ese goce (necesidad de fumar) se precisa previamente de un deseo lo suficientemente fuerte de sanar, que permita soportar la abstinencia.

El enfrentamiento entre el deseo (de sanar) y la necesidad (de continuar satisfaciendo el goce) es el motivo por el cual muchos pacientes abandonan o nunca empiezan un tratamiento. Esto es muy visible, por ejemplo, cuando alguien comienza un tratamiento porque algún ser querido lo obliga "porque necesita ayuda". Si alguien no quiere comenzar su tratamiento, es muy difícil que lo sostenga. Alguien con obesidad no deja de comer lo que le hace mal porque necesita hacerlo, sino cuando desea ser sano y decide oponerse a esa imperiosa necesidad interior por volver a comer algo "no sano". Cuesta, duele, pero cura.

TENGO UN DESEO: EL TUYO

No conozco la clave del éxito, pero sé que la clave del fracaso es tratar de complacer a todo el mundo.

-Woody Allen

Todavía nos falta hablar un poco más acerca del deseo. Pero para hacerlo, primero imaginemos a un dios, a cualquiera de ellos: Zeus, Venus, Poseidón, Alá, Elohim, etc. ¿Cuáles son las principales características que los diferencian de nosotros, ¡oh simples mortales!? Empecemos por la más obvia y recién nombrada, y es que ¡ellos no mueren!, mientras que nosotros sí lo hacemos, tarde o temprano. Además, están en todos lados y lo saben todo y, por lo tanto, son omnipresentes. También muchos tienen superpoderes, pero como nosotros tenemos a Superman y a Batman no tomaremos esto último en cuenta. En definitiva, los dioses son omnipotentes, es decir que no necesitan de nada ni de nadie, ya que son poderosos en todos los sentidos, tienen un poder inagotable y sin límites, un poder infinito e ilimitado.

Entonces, por un lado, están los dioses que no necesitan de nada ni de nadie ya que son perfectos tal cual son, además de inmortales claro, ¡que lo parió! Y, por el otro lado, nosotros los seres humanos, que nacemos necesitando de alguien que nos cuide y nos dé de comer, y además sabiendo que en algún momento moriremos.

¿Se imaginan a un dios comprando el último IPhone o el último modelo de un auto? ¡¿Por qué lo haría?! Sí está en todos lados, ¡mira si van a estar gastando en telefonía móvil o en combustible! Y como un dios es perfecto y completo, no precisando de nada ni de nadie "para sentirse pleno", entonces no desea, ya que todo lo tiene y todo lo es. Pero nosotros sí deseamos: un auto, un celular, una casa, aprobar un examen, una guitarra, una silla para el balcón, viajar por el mundo, ser más lindos, ser más inteligentes, tener una pareja, casarnos, etc. No somos seres perfectos, pero apuntamos a serlo deseando cosas. En nuestra fantasía creemos que si conseguimos lo que pensamos que nos falta, ya nada nos faltará. Lo que deseamos puede ser tanto algo para tener (una casa, un auto, una pareja, etc.) como para ser (exitoso, lindo/a, etc.).

Todos en algún momento dijimos o escuchamos algo como "¡ahora sí! Si consigo tal cosa, ya no voy a necesitar, pedir o querer nada más". Podemos sustituir esa "tal cosa" con lo que sea: una pareja, un puesto de trabajo, bienes de consumo, ganar la lotería, viajar por el mundo, ser exitoso/a, etc. Sin embargo, en la práctica, aunque conseguimos aquello que anhelamos, el resultado dista mucho del esperado. No dejamos de desear cosas, sino que, en todo caso, ya no deseamos lo que conseguimos. Veamos el ejemplo de Francisco:

Francisco es un adolescente que reclama a sus padres que necesita comprar el último celular que salió al mercado. Está harto de llevar tantas cosas para el colegio en su mochila, y como este nuevo modelo de celular viene con calculadora científica y una aplicación que funciona como grabadora de voz que a su vez transcribe, ya no tendría que llevar más calculadora, cuaderno ni bolígrafo. Les explica a sus padres, que lo miran incrédulos, que el celular convierte a texto lo hablado en clase e incluso permite imprimirlo. [¡Lo que aún no sabe Francisco es que ese celular no es una versión compatible con Tinder!, pero no nos adelantemos].

A pesar de que Francisco enumera los "infinitos" beneficios de este teléfono móvil, no logra convencer a sus padres para que lo compren. Su certeza respecto a que ese celular resolverá todos sus problemas, no hace más que sienta cada vez más necesidad por poseerlo. Enojado con sus padres porque no entienden las virtudes de este nuevo gadget, al final toma la decisión de gastar sus propios ahorros y comprarlo. Mientras rompe el chanchito se justifica a sí mismo con la firme creencia de que luego podrá ahorrar el resto de su vida, ya que con ese celular no precisará comprar uno nuevo; ni tampoco una calculadora, un cuaderno, un bolígrafo y, casi con seguridad, tampoco una mochila.

Francisco está muy contento con su "chiche" nuevo. Sin embargo, pasados unos meses de su compra, un día en un recreo un compañero le cuenta que conoció a una chica con una aplicación para móviles destinada a concertar citas. [Francisco tiene quince años, ¡que edad! Las hormonas revolucionadas y la mente fija en casi una sola cosa…].

Ese día Francisco llega corriendo a su casa con un solo objetivo: conectarse a su red Wifi y descargar la aplicación de la cual le habló su amigo, ¡con lo que desea tener una pareja! Entra a la tienda de aplicaciones de su móvil y la busca, pero para su sorpresa, aparece la siguiente leyenda: "esta aplicación no está disponible para tu versión de teléfono". Se agarra la cabeza y grita: "¡¿cómo puede ser?! ¡trae calculadora científica y grabadora de voz, pero ¿no me deja instalar esta aplicación?! ¡¡¡que teléfono de m…!!!". De forma repentina ya no parece molestarle la idea de volver a llevar varios útiles escolares en la mochila, pues lo único importante ahora es tener un móvil que le permita instalar esa aplicación para conseguir una pareja como hizo su amigo.

¿No era que con la compra de ese celular "ya estaba"? ¿Francisco no había dicho (y creído) que una vez tuviera ese teléfono móvil ya no desearía nada más y mucho, pero mucho menos, un nuevo celular? Esto que le pasa a Francisco le pasa a todos los que no somos dioses, es decir, a todos nosotros. Se llama deseo.

De forma simplificada, Jacques Lacan nos invita a pensar la estructura del deseo de la siguiente forma: dado que somos seres imperfectos (mortales, necesitados y deseosos), nos falta algo (ser perfectos), lo cual deja un espacio vacío o agujero que deseamos rellenar. Rellenar para que nada nos falte y así ser perfectos, como los dioses, con la fantasía de que luego ya no tendremos que desear nada más. Antes hablábamos de que el deseo duele, y justamente buscamos satisfacerlo para que nos deje de doler.

Pero lo realmente doloroso no es el deseo en sí mismo, sino el agujero que nunca terminamos de llenar. ¿Se acuerdan de Francisco y su "ahora sí"? Al faltarnos "eso", queda un espacio vacío que queremos completar, pero una vez creemos que lo hicimos nos encontramos con que no fue suficiente. El deseo es inagotable, nunca se satisface de forma completa.

Tenemos la ilusión de que deseamos de forma puntual "tal cosa", la que sea, pero una vez la conseguimos de inmediato termina siendo sustituida por otra "tal cosa", y así en forma sucesiva. Esto se debe a que en realidad no deseamos ni la primera "tal cosa" ni la segunda, aunque en la práctica estemos convencidos de que así es. Para entender el deseo no tenemos que mirar hacia adelante, hacia aquello que "buscamos" cuando deseamos, sino hacia atrás, a aquello que lo genera: una falta, un agujero. Lo que nos cuesta no es llenar ese agujero, sino aceptar que no se puede llenar. Nunca es suficiente.

¿Y para qué queremos estar completos o ser perfectos? Porque así seremos *más cools*, ¿a quién no le gusta alguien así? ¡Interesante pregunta! Estar completos parece convertirnos en seres más deseables, ¿no? Acaso, ¿a quién se le ocurriría desear algo o a alguien al que le falta algo? Si, por ejemplo, compramos un nuevo electrodoméstico y descubrimos que le falta una pieza, de inmediato iremos a la tienda donde lo compramos para reclamar la pieza faltante o, en su defecto, la entrega de un nuevo modelo que venga completo.

En el deseo ocurre igual, aunque al revés: nosotros somos ese electrodoméstico que, queriendo gustarles a los clientes y ser comprado, se desespera por que no le falte ninguna pieza. Deseamos ser los mejores electrodomésticos, los más completos, para de ese modo asegurarnos ser los más deseables para los clientes.

Pero lo más interesante de todo este asunto es que si queremos ser más deseables para alguien, ese alguien tiene que tener la capacidad de desear. ¡Uff que dilema! O sea que vamos por la vida buscando nuestra "pieza faltante" para que una vez conseguida seamos lo suficiente deseables para otros/as, a los que también tiene que faltarles "una pieza", debido a que de no faltarles ninguna no nos desearían. Pues ¿por qué habrían de desearnos si ya con ellos/as mismos fuese suficiente? Entonces deseamos ser una pieza perfecta para alguien que está buscando su pieza faltante. Esta "pieza faltante", tanto la que buscamos como la que queremos ser para el Otro, la llamamos falo. Como veremos en el Capítulo "Castrados él, ella, vos y yo", el falo no es el miembro sexual masculino.

Buscamos nuestro falo, para ser o tener el falo de aquel que esperamos que nos desee. Esto que en la teoría es tan fácil decirlo, en la práctica se dificulta ya que, por un lado, cada uno de nosotros quiere llenarle el vacío a un Otro diferente y, por otro lado, lo que consideramos como "lo suficiente deseable" es algo distinto. De esta manera, nos diferenciamos no sólo por quién/quiénes son los Otros a los que queremos llenarles la falta, sino también de la forma en la que cada uno de nosotros considera que la debe llenar.

¿Alguna vez escucharon hablar de la dialéctica del amo y el esclavo del filósofo G. W. F. Hegel? En forma resumida, teoriza que las relaciones entre las personas se dan en una contraposición de deseos que se precisan de forma mutua: el amo necesita del esclavo para ser amo, y al esclavo del amo para ser esclavo. Un rey no lo es sin un pueblo que lo reconozca como tal, de la misma forma que un esclavo no lo sería si no hubiese un amo que lo reconozca como tal, sometiéndolo. Lacan toma lo dicho por Hegel para sostener que, a fin de cuentas, el deseo último de todos los seres humanos es el deseo de ser reconocido por Otro. Que ese Otro nos reconozca como lo más deseable para él o ella, aquello que llena su vacío. En otras palabras, podemos citar al radiofonista y escritor argentino Alejandro Dolina: "*todo lo que un hombre puede hacer, sean proezas y hazañas o, simplemente, hechos destacables, lo hace por levantarse a una mina*" [aclaración: esto aplica para ambos géneros, y para "levantar" tanto hombres como mujeres]. Esa frase nos invita a pensar que las decisiones que tomamos en la vida están más orientadas hacia los demás que a uno mismo, no reduciéndose solo a cuestiones estéticas tales como teñirse el pelo o tener más músculos para "levantar" a aquel/aquella a quien uno desea gustar, pues es algo más amplio. Para entenderlo mejor, tomemos los siguientes ejemplos:

· La hija de un padre que falleció de una enfermedad cuando ella era una niña, opta en su adolescencia por estudiar medicina. "Una médica" era lo más deseable para su padre y para su familia: una médica que cure a ese padre.

· A principios del siglo pasado, las familias inmigrantes de Argentina aspiraban a que sus hijos estudien y accedan a títulos universitarios, lo cual significaba no sólo una mejora económica, sino también un mayor status social. La expresión *mi hijo el doctor* es parte del espíritu de esa época. Los descendientes de estas familias, al obtener el título universitario, se convirtieron en lo más deseable tanto para su familia como para el contexto social de la época.

Pero, ¿es posible ser la pieza perfecta para alguien? Y de conseguirse, ¿es suficiente? ¿se alcanza así la felicidad y el bienestar? Quizás, como primera aproximación, podemos responder con nuevas preguntas: ¿cuántos médicos infelices, pese a ser una carrera tan deseable, conocemos?, o ¿cuánta gente "exitosa" existe que, pese a ello, son por completo infelices y están insatisfechos con su vida?

LOS OTROS Y EL OTRO

Antes de que te diagnostiques con depresión o baja autoestima, primero asegúrate de no estar rodeado de idiotas.

-Sigmund Freud

Habrán notado que, a lo largo del libro, algunas veces escribimos la palabra "otro" con la "o" minúscula y otras "Otro", con mayúscula. No es un error tipográfico, sino un recurso para diferenciar dos cosas diferentes. Cuando hablamos del otro con minúscula nos referimos al semejante, a otra u otras personas. En cambio, cuando hablamos del Otro con mayúscula, hacemos referencia a un concepto psicoanalítico.

Para diferenciarlos mejor retomemos un poco lo que vimos hasta ahora. Dijimos que queremos ser deseables a muchos otros, con quienes interactuamos en nuestra vida diaria: amigos, pareja, padre, madre, hermanos, jefes, compañeros de trabajo, etc. Sin embargo, no todos lo hacemos de igual manera, sino en relación a lo que en nuestra mente consideramos que ellos desean más. Lo que nosotros consideramos o pensamos que los demás piensan o consideran (¡que enredo!) es el Otro, nuestro Otro. Entonces el Otro es algo inmaterial, no existe en la realidad. Es mental y por lo tanto solo existe en nuestra realidad psíquica. Veámoslo mejor con un ejemplo:

Luciana tiene 30 años. Se encuentra muy deprimida, ya que siente no encontrar estabilidad laboral ni paz en su vida. Cuenta que su trabajo actual ya es el décimo en menos de dos años. Cuando se le consulta respecto al motivo de tantos cambios laborales, dice que renunció a todos los anteriores porque no soportaba la presión.

¿Qué presión?, se le pregunta. Responde que todos sus anteriores jefes y compañeros de trabajo la trataban "como si fuera una inútil" [aunque nunca se lo habían dicho en forma explícita].

En sesiones posteriores recuerda que su padre nunca la felicitó por sus notas en el colegio, y que siempre le dijo que estaba defraudado con ella porque, pese a aprobar, nunca sacaba diez.

Luciana está convencida de que, en sus anteriores trabajos, todos pensaban que ella era una inútil, aunque jamás se lo habían dicho. Sus jefes y sus compañeros son sus otros con minúscula. ¿Y su padre? Su padre también. Sin embargo, el discurso, aquello que su padre le dijo, es parte de su Otro. Es importante entender que el Otro de Luciana no es el padre, sino sus palabras y reclamos por no ser "un diez". Es decir que ella, para su Otro, es un "no diez", una inútil. El Otro de Luciana luego se encarna en las relaciones con sus otros con minúscula, atribuyéndole la palabra "inútil" a todos sus semejantes. "Soy una inútil para todos".

Es importante que recordemos que el Otro no es nadie en especial, pero son todos al mismo tiempo. Es un discurso. Cuando, por ejemplo, Moisés leyó los diez mandamientos a los hebreos, enunció un discurso de lo que el Otro (en ese caso Elohim, el Dios hebreo) deseaba: alguien que no mate, que no robe, etc. De esta forma, para los hebreos a quienes Moisés les habló, solo había una manera de ser deseable, y era cumpliendo con esos diez mandamientos.

Nuestro Otro se constituye a lo largo de nuestra vida con lo deseable para nuestra familia, nuestra sociedad, nuestra cultura, etc. De toda esta mixtura se constituye el Otro particular de cada uno. Y en cada otro (nuestros semejantes) con el que nos relacionamos, asumimos que allí hay un Otro (el ideal, el discurso, el Dios, lo perfecto, etc.), cuando en realidad solo hay un otro con minúscula: amigo, hermano, primo, etc. De ahí también la frustración que muchas veces sentimos cuando un semejante falla, porque nos demuestra que no es tan perfecto como le atribuimos ser.

CASTRADOS ÉL, ELLA, VOS Y YO

La libertad consiste en reconocer los límites.

-Jiddu Krishnamurti

Ya nos encontramos en condiciones de tratar un término del que seguro han oído hablar: la castración. El título del capítulo no es inocente, pues la castración no hace distinción de géneros, castrados estamos todos. Pero, ¿por qué se llama así y qué significa?

La castración, como concepto médico, es la extirpación o inutilización de los órganos genitales. En psicoanálisis se refiere a lo mismo, pero en forma metafórica. Lo "extirpado", lo que nos falta, es el falo, que ¡ojo! no es lo mismo que el pene.

Si durante la infancia nuestros padres estuvieron lo suficiente y correctamente presentes, nos habremos sentido lo más deseados por ellos. Sin embargo, en algún momento habremos comenzado a sentir que ya no éramos tan especiales, si también estuvieron lo suficiente y correctamente ausentes. Nuestra madre, por ejemplo, desaparecía por tiempos más espaciados que al comienzo, dándonos a entender que había otras cosas importantes para ella además de nosotros como trabajar, salir con amigas, cuidar de nuestro hermano/a, etc.

Cuando dejamos de sentir que somos la pieza perfecta que completa enteramente la falta de nuestros padres como creíamos, se inaugura el deseo. Algo faltó o se perdió, y creemos que debemos reencontrarlo para volver a sentir que somos lo más deseable, "los únicos", aquellos que acaparan toda su atención. Tanto la presencia como la ausencia de los padres son vitales para la constitución subjetiva del niño, porque es desde el contraste entre ambas que se inaugura el deseo, con la consecuente búsqueda que nos llevará a estudiar, a trabajar, etc. para reencontrar lo que creemos que perdimos.

El falo es un constructo teórico que simboliza aquello que pensamos que tuvimos y que nos daba ese "brillo" que lograba acaparar la atención y el deseo de los demás. Según nuestros Otros, el falo es algo diferente: ser los más lindos, los más inteligentes, tener el mejor auto, tener mucho dinero, ser activistas ambientales, ser abogados, etc. Sin embargo, es muy común asociar el falo con los genitales masculinos, ¿a qué se debe?

Nos guste o no aceptarlo, vivimos en sociedades machistas donde aquel que tiene pene es quien aparenta tener un mayor brillo para los Otros. En la Europa medieval, el rey esperaba un hijo varón para continuar su reinado, mientras sus hijas mujeres eran reducidas a meros objetos transaccionales para utilizarse en la diplomacia. Pero no es necesario viajar tan atrás en el tiempo. Veamos el siguiente ejemplo de Laura:

Laura es una adolescente de dieciséis años que vive con sus padres y su hermano mellizo, Javier. Sus padres les prohibieron a ambos hermanos ir a fiestas nocturnas con los compañeros del colegio: "aún son muy chicos". Sin embargo, un viernes por la noche Laura ve a su hermano bien vestido y peinado, abriendo la puerta y disponiéndose a salir. Incrédula, le pregunta a dónde va, y le responde: "salgo a bailar con los chicos. Ayer tuvimos una charla "de hombres" con papá y terminó dándome permiso".

Con renovadas esperanzas, Laura corre hacia sus padres y les consulta si a ella también le permitían salir. La respuesta que recibe la deja estupefacta: "de noche no Lau. La calle está muy insegura para una muchacha. Cuando seas más grande, vemos".

En la sesión, mientras Laura relata estos hechos, llora desconsolada. Entre lágrimas dice en un grito casi ahogado: "me odio. Odio haber nacido mujer".

Laura, al igual que la princesa de la Edad Media, ven que el varón en su misma condición (misma edad, familia, etc.) parecen tener más derechos por el simple hecho de ser hombres. Laura quiere salir con sus amigos, de la misma forma que la princesa quería ser reina o al menos decidir con quién casarse. A esto se refería Freud con "la envidia del pene". Pero los hombres tampoco la tienen fácil dentro de este discurso machista, ya que dentro del género masculino también hay diferencias. Entre los hombres hay quienes tienen más éxito en el amor, en los negocios, en el deporte, etc. Es decir, que al igual que las mujeres, se encuentran con limitaciones en la vida, las cuales no puede adjudicar en su caso a la carencia de pene, sino que lo hacen a su reducido tamaño. Culturalmente, dentro de este discurso "peneano", aquel al que le va mejor se dice que "la tiene más larga".

Sabemos que tener pene, o tener el más largo, no otorga superpoderes. Es solo otra manera en la que culturalmente aprendimos a llamar al falo, es decir, a lo que nos falta y creemos que el Otro desea que tengamos. Porque tengamos o no un pene, nunca es suficiente, ya que la completud o perfección es una ilusión, una utopía, y por lo tanto inalcanzable. El deseo siempre permanece insatisfecho, deseando algo que una vez se consigue deja de ser lo más deseable.

Nunca se recupera el falo, porque en realidad nunca se tuvo. Por eso un empresario millonario continúa invirtiendo, un médico instruyéndose o personas sometiéndose a frecuentes intervenciones estéticas esgrimiendo y creyendo que serán las últimas para luego terminar volviendo a sacar turno para otro "mini retoque". ¿Cuándo es suficiente? Nunca.

Evidentemente ¡nadie tiene "el pene" lo suficientemente largo! Nada es suficiente para ser lo más deseables para el Otro. Esto es el encuentro con nuestra propia castración, y aunque en un futuro cambie el paradigma y ya no se hable más en términos "peneanos", algo nunca podremos evitar: seguir castrados respecto al deseo del Otro.

Nos encontramos con nuestra castración cada vez que verificamos que no somos capaces de todo, que tenemos límites. Cada vez que nos va mal en un examen, cuando nos despiden de un trabajo, si la persona que amamos nos rechaza, etc. La muerte es nuestra mayor castración, ya que es el límite de nuestra vida. En definitiva, siempre existirá algo que no se cumpla de forma total o parcial respecto a nuestras expectativas.

Siempre hay un resto, algo nuevo que nos falta, y que por faltarnos nos hace desearlo, y cuando lo conseguimos creyendo que nada más faltara, aparece un nuevo "lo que nos falta". El deseo no es malo, ya que es el motor de nuestros logros, tanto a nivel individual como social. "Nunca es triste la verdad, lo que no tiene es remedio", aunque continuamos yendo por la vida buscando "ese remedio". Siempre que llegamos a donde creímos que "ese remedio" está, este se desplaza y se aleja más allá.

Pero la castración no sólo se relaciona con el deseo, sino también con el goce. Cuando de pequeños nuestros padres nos castigaban, estaban limitando nuestro disfrute. Dejarnos sin postre u obligarnos a dormir temprano conllevaba internamente un mensaje: "no puedes hacer todo lo que quieras" o, mejor dicho, "no puedes gozar todo lo que quieras". Lo mismo ocurre con las prohibiciones sociales tales como la del incesto o el asesinato. No podemos hacer todo lo que queramos o todo lo que sentimos el impulso por hacer.

¿Quién no ha fantaseado alguna vez con matar a alguien? Los psicoanalistas decimos que el neurótico fantasea (sueña) lo que el perverso hace. El neurótico sueña, porque es en el sueño donde puede gozar de hacer aquello que en la realidad tiene prohibido. Si matamos a alguien se nos castigaría e iríamos a prisión, hay un límite, una castración. Por ello la castración es, a fin de cuentas, un límite a nuestro goce.

Cuando pretendemos desentendernos de nuestra castración, lo que intentamos es "seguir gozando". Un claro ejemplo son las adicciones. El neurótico adicto (porque también hay adicción en la perversión y en la psicosis) encuentra un gran goce en la sustancia que consume. Pero luego de posteriores consumos, ya no siente el mismo disfrute que la primera vez (castración, algo se pierde), y en su intento por seguir gozando al máximo y sin límite, aumenta la dosis. Este mecanismo se extiende en el tiempo, faltando en cada nuevo consumo "un poco de goce" con respecto al consumo anterior.

Recordemos que siempre hablamos del sujeto del inconsciente y no del yo, es decir, de la conciencia. Ya que, de lo contrario, estaríamos sosteniendo que es el paciente quien no quiere "ceder" su goce, como si acaso se tratara de algo meramente voluntario.

PERDER PARA GANAR

La falta genera al deseo. El deseo nunca se satisface del todo.

-Jacques Lacan

Una de las maneras mediante las cuales intentamos desentendernos de nuestra castración, haciendo como si no existiera, es a través del deseo. Sin embargo, para hacer de cuenta que algo no existe, que no es lo mismo que no saber de su existencia, debemos previamente aceptar que existe. Por ejemplo, si decimos "voy a hacer de cuenta como que no vi nada", es necesario que primero lo hayamos visto. Los psicoanalistas reconocemos tres estructuras psíquicas: neurosis, psicosis y perversión. Los neuróticos somos justamente quienes vamos por la vida desentendiéndose de nuestra castración, pero para hacerlo tuvimos que primero aceptar, inconscientemente, su existencia.

Los psicóticos no "hacen de cuenta" que no están castrados, sino que nunca tomaron conocimiento de su castración. La vida, tarde o temprano, se quiera o no, nos hace encontrarnos con nuestra falta, con nuestra incompletud. En estos casos, el delirio es uno de los recursos de los que se vale el psicótico, creando una realidad paralela que le permite dar una explicación que tape la castración. Por ejemplo, el delirio místico: "Dios me está poniendo a prueba porque soy el elegido". El delirio le permite al psicótico englobar su castración dentro de un discurso en el cual su castración no aparece, sosteniendo por ejemplo una imagen de sí mismos perfecta como "elegido de Dios".

No asumir que estamos castrados es traumático. No por la imperfección en sí, sino por la necesidad que sentimos por taparla. No nos enferma no ser perfectos, sino nuestros intentos por pretender serlo.

Es en el acto de aceptar perder donde se puede ganar. ¿Conocen los rompecabezas deslizantes? Son aquellos donde las piezas se mueven dentro de un tablero para llegar a una configuración determinada final. Lo interesante de ellos es que la falta de una pieza es lo que permite el juego. Es el agujero lo que posibilita que las restantes piezas se desplacen. Si no faltase ninguna pieza, nada se movería; y si nada se mueve, nada cambia.

Si no tuviésemos "ese agujero", tampoco tendríamos deseos o metas como intentos por rellenarlo. El agujero es lo que permite poner en juego nuestro deseo, y el deseo es lo que nos motoriza para hacer, crear, amar.

EL ETERNO CASTIGO

Lo que consigues con el logro de tus metas no es tan importante como en lo que te conviertes en el camino al logro de tus metas.

-Henry David Thoreau

El deseo, como ya dijimos, a fin de cuentas es el deseo del Otro. No importa que sea lo que deseamos, ya que al final lo hacemos con el fin de ser más deseables para Otro (familia, sociedad, grupo de amigos/as, etc.). Como ese Otro es distinto para cada uno, aspiramos a ser o tener cosas diferentes. En algunas familias se inculca que lo deseable es tener un hijo médico, en ciertos grupos de amistades es tener muchos tatuajes, etc. En base a estas diferencias, cada uno de nosotros constituye un Ideal del Yo diferente, aquello a lo que aspiramos ser. Pero en tanto es un ideal, siempre será utópico e inalcanzable. Constantemente nos faltará algo más para alcanzarlo.

El Superyó es una "instancia psíquica", que está todo el tiempo vigilándonos y recordándonos que no estamos cumpliendo ese ideal con exactitud. Se constituye "dentro de nuestra cabeza" con las figuras de autoridad de nuestra infancia con sus retos, sus negativas y sus órdenes. Los que tuvieron una infancia "muy difícil" (el entrecomillado se debe a que, en mayor o menor medida, todos la tuvimos), suelen ser quienes más se autocastigan: *"podría haber hecho las cosas mejor"*, *"si en vez de hacer tal cosa, hubiese hecho tal otra"*, *"soy inútil"*, *"soy horrible"*, etc. No importa si a los ojos de los demás somos exitosos, inteligentes o hermosos.

El Superyó no tiene una medida universal para "castigarnos", lo hace en base a las diferencias que encuentra entre lo que somos y lo que aspiramos, aquello que sentimos que debemos ser, nuestro Ideal del Yo.

El Superyó nos castiga por no cumplir con el ideal que sentimos que debemos cumplir, pero por otro lado nosotros nos torturamos por no hacer lo que queremos. Por lo que terminamos siendo condenados tanto cuando no somos lo que creemos que los demás esperan que seamos, como cuando no conseguimos lo que queremos nosotros mismos de nosotros.

Este conflicto o enfrentamiento entre lo que debemos y lo que queremos ser, es lo que genera el síntoma. Los síntomas no son más que la evidencia de este enfrentamiento que ocurre en nuestro interior.

EXCUSAS (TÍPICAS) PARA NO INICIAR TERAPIA

Diría que la resistencia que encontramos es tanto mayor cuanto más se aproxima el sujeto a un discurso que sería el último y el bueno, pero que rechaza de plano.

- Jacques Lacan

Comenzar un proceso terapéutico no es sencillo. Si bien muchas veces ocurre que una persona no quiere comenzar, lo cual es completamente respetable, hay ciertos casos donde sí se desea empezar, pero surgen ciertas excusas que dificultan el proceso. Veamos algunas de estas excusas que suelen aparecer al iniciar un tratamiento psicológico, que además nos permitirán repasar lo que vimos antes.

Una de ellas es el precio, el famoso "costo" de las sesiones. Los cuestionamientos son del tipo: "*¿es gratis?*"; "*¿tengo que pagar por contarle mis problemas a otro/a?*"; "*¿por qué voy a pagar si mi cobertura o seguro médico ya me brinda diez sesiones gratuitas de veinte minutos que me alcanzan para contar todos mis problemas, e incluso los de toda mi familia?*", etc. También pueden ser del tipo: "*no tengo problema en pagar. Pago lo que sea con tal de que me curen rápido*".

Pagar no es algo menor, ¿a quién le gusta pagar? En los honorarios del profesional ya comienzan a ponerse en juego particularidades que tienen que ver con la posición subjetiva del paciente. Para responder a la pregunta "¿por qué pago?", primero tenemos que apartarnos del concepto de que solo pagamos con dinero. ¡Es erróneo! Cuando se padece ya se está pagando: con salud, con angustia, con pérdidas (de seres queridos, de trabajos, etc.). ¿Qué es más caro, seguir padeciendo o pagar una sesión?

La terapia se abona simbólicamente con dinero, porque perder (gastar) dinero duele, molesta. Cuando algo es barato, o gratuito, no nos exige demasiado esfuerzo, lo cual nos permite darle continuidad a nuestro goce. Es verdad que no a todo el mundo le duele pagar, pues algunos "afortunados" tienen tanto dinero que no les molesta gastarlo. Suelen mostrarse como grandes gastadores, como si el mundo girase alrededor de su billetera y con ella pudiesen comprarlo entero si quisieran. Es una actitud, una posición subjetiva. Veamos el ejemplo de Walter:

Walter se presenta a su primera sesión vestido de punta en blanco y con los zapatos lustrados. Llega y se sienta. Se vuelve a levantar, ¡olvidaba hacer algo importante! Saca la billetera del asiento trasero de su pantalón y la coloca sobre una mesa que se encuentra cerca de él. Vale aclarar que a simple vista se la ve bastante "abultada". Vuelve a tomar asiento. Comienza contando que tiene "la vida que todo hombre quisiera tener": un auto lujoso, un buen trabajo, una casa con pileta, viaja todos los años, etc. Recalca, además, que todas las mujeres mueren por él. Agrega que no tiene problemas económicos, pues cuenta con mucho dinero.

Sostiene que varias veces suele contratar prostitutas para sus servicios sexuales. Sin embargo, confiesa estar triste ya que tiene treinta y cinco años y si bien puede "conseguir a la mujer que quiera", no logra entablar una relación "seria y larga" con ninguna. Cuando la sesión finaliza, agarra su billetera y saca varios billetes de alta denominación mientras pregunta "¿cuánto te tengo que pagar?".

¿Adivinen cuál fue la respuesta de la terapeuta? En el caso de Walter, si algo no le duele es pagar con dinero. Pero parece ser que si le duele que existan ciertas cosas que no puede obtener con sus billetes. Se le informa que el costo de la sesión es de un número ínfimo, lo cual genera sorpresa y consternación en él: "¡¿cómo?! ¿nada más? ¿estás segura?". ¡Evidentemente le dolió! [aclaración: de más está decir que luego de un tiempo de tratamiento se terminó ajustando el honorario al valor real]. Este es también un ejemplo de una intervención psicoanalítica.

Diremos entonces que uno de los motivos por los cuales se paga, es porque "duele". Pero no es la única razón. Sigamos.

Las sesiones también se abonan porque el paciente no es el único que lo hace. El psicólogo/a también paga. Paga con su persona prestándose a la transferencia, con sus palabras (interpretaciones) y con sus silencios. ¿Qué significa esto? El profesional tratante, en el transcurso de un tratamiento, es tomado por la transferencia del paciente, y debe dejarse tomar. Insultos, enojos, desplantes, amor, etc. que, si bien están dirigidos en realidad a otras personas, en el consultorio se ponen en juego con el analista.

El terapeuta sabe que no es a él/ella a quien están dirigidos esos sentimientos, pero debe dejar que se pongan en juego, que se teatralicen, y mantenerse neutral para poder trabajarlos. También debe mantenerse neutral a sus propios sentimientos (aburrimiento, amor, enojo, etc.). Todo esto "cuesta", en tanto es un esfuerzo que hace el analista para no ponerse a gozar también. No olvidemos que los terapeutas también somos personas.

Además, el terapeuta también pagó, y paga con dinero. El costo de su formación y el de su propia terapia, que es la que le permite no gozar en la terapia de sus pacientes. Es interesante esta cuestión. En Argentina (también en otros países) hay instituciones donde se ofrece atención gratuita. No hablamos de servicios públicos donde el profesional percibe un salario del Estado ni tampoco de acompañamientos, que en situaciones extremas tales como una pandemia hacemos (un acompañamiento no es un tratamiento). Nos referimos a instituciones privadas que ofrecen atención psicológica gratuita, donde el paciente no paga y el profesional no cobra. Lo que suele ocurrir en estos casos, es que los pacientes suelen abandonar rápido sus tratamientos, sobre todo porque "no les cuesta". Cuando algo no cuesta, solemos no involucrarnos demasiado, diluyéndose el entusiasmo y el compromiso.

Por todo lo dicho, es que el paciente abona su tratamiento. Ya que en realidad no estamos hablando solo de dinero, sino de lo que simboliza: pagar. ¿Se acuerdan que el tratamiento tiene que ser sostenido por un deseo, y que para ganar hay que estar dispuesto a perder?

El precio no es la única excusa utilizada para desistir de comenzar o continuar una terapia. Otras excusas están relacionadas con el tiempo: *"no tengo tiempo para ir a terapia, me la paso trabajando"*; *"¿voy a ir a terapia con el tiempo que lleva hacer un tratamiento?; "es más importante destinar mi tiempo a mi familia y amigos", "¿en cuánto tiempo me curo y dejó de venir?"* y así podríamos seguir.

Hay muchas personas que nunca tienen tiempo para sí mismas, pero siempre encuentran tiempo para todos los demás (¡las cosas que uno hace por ser lo más deseable por el Otro!, ¿no?). Son los pacientes que más modificaciones de horarios y cancelaciones hacen, y por lo general suele tener que ver con sus otros: un encargo, un cumpleaños, un compromiso, etc. No pueden no cumplirles a los demás. En terapias más avanzadas incluso, por transferencia, este compromiso se repite (se teatraliza) con el terapeuta: el analista se convierte en esa persona a la cual no se permiten fallar o dejar de cumplir. Todo se convierte en un deber, que les impide hacer lo que desean. No hacen lo que quieren, sino lo que necesitan: satisfacer al Otro.

Sin importar el tipo de excusa, siempre es un intento de huida, de escape respecto al afrontamiento de una situación: el encuentro con la castración y el cese del goce. Algunas personas tapan su castración con el alcohol, fumando, comiendo en exceso, con juegos de azar, entrenando compulsivamente, "desplumando" la tarjeta de crédito, y así podríamos seguir. Esta huida, en cualquiera de sus formas, siempre es un intento fallido, pero no del todo. Durante un breve lapso parece que se triunfa y se logra desentenderse de la castración, "tapándola". Un momento de paz para nuestra mente atormentada.

Cuando los pacientes llegan a nuestro consultorio padecen de un exceso. Del exceso de un intento frustrado (porque se repite una y otra vez, y ese es el problema) de querer tapar su falta, su castración. Es el intento por ocultar la diferencia entre lo que son y lo que aspiran ser (Ideal del

Yo), taparse a sí mismos no ser lo "suficientemente deseables" como pretenden ser.

A nadie le gustan los límites: los "no", "basta" o "hasta acá". Todos queremos "una vuelta más". El neurótico huye del encuentro con su propia castración, para continuar sosteniendo el idilio inconsciente de "gozar" sin límites. Pero pensémoslo de este modo: si tuviésemos acné e inventasen una crema milagrosa que de solo aplicarla nos hiciese desaparecer los granos con la condición de que al día siguiente tendríamos el doble que el día anterior, ¿la usaríamos? Es probable que no. Pero si una noche tenemos la cita de nuestros sueños, y a toda costa queremos ocultar nuestro acné y esta crema fuese la única forma de hacerlo, ¿la usaríamos? Probablemente sí, ya que nadie quisiera desperdiciar la oportunidad (castración) y perderse al amor de su vida. Pero, al día siguiente, cuando nos veamos en el espejo con el doble de granos y tengamos que ir a nuestro trabajo o a la facultad, nos horrorizaremos y diremos "hoy voy a usarla de nuevo, pero ¡por última vez!". Para ese entonces, ya no hay el doble que antes de la cita, sino ¡el cuádruple! ¿No la seguiremos usando?

En terapia ocurre lo mismo. El encuentro con nuestros granos, con nuestra castración, es difícil de afrontar. Muchos prefieren huir poniéndose la crema, incluso sabiendo que es solo un remedio momentáneo.

LA EXIGENCIA Y LA AUTOSUFICIENCIA

Somos lo que hacemos con lo que hicieron de nosotros.

-Jean Paul Sartre

La exigencia y la autosuficiencia también suelen presentarse como excusas para no iniciar un tratamiento. Sin embargo, como están tan relacionadas entre sí, decidimos dedicarles un capítulo aparte.

Durante la primera entrevista psicológica, sobre todo en los últimos minutos de la misma, muchos consultan *"¿a cuántas sesiones tengo que venir?"* o *"¿cuándo dejaré de sentir estos ataques de pánico?"*. También se escucha frecuentemente *"¿tenés algunos ejercicios o consejos para ir mejorando esta semana?"*.

¡Cuánta exigencia! Pero no con nosotros, ¡sino con ellos mismos! Si bien es al terapeuta a quien demandan *"arreglame el chasis o el motor para esta semana"*; a fin de cuentas, es a ellos a quienes, sin darse cuenta, imponen a más tardar en una semana tener todo arreglado. En algunos casos, incluso dicen *"tengo que mejorar"*, *"quiero ser una mejor versión de mi mismo/a"*.

Pero las mejoras están destinadas a satisfacer a otras personas, o clientes, tal como las nuevas versiones de los programas informáticos que solucionan errores (bugs) de versiones anteriores o agregan nuevas características y funcionalidades. Resulta ilógico pensar que un producto se mejore infinitamente si no hay clientes; además de la inversión económica que se debería afrontar sin ingresos, que tarde o temprano causaría la bancarrota. Sin embargo, la trampa está en que "mejor" es un término subjetivo, ¿qué es mejor y qué es peor? Conceptualmente "mejor" significa que algo es superior, pero ¿cómo pueden ser dos cosas tan opuestas, como dos modelos de autos de distintos años y marcas, ser al mismo tiempo superiores? Ya que, a pesar de que en la actualidad se fabrican autos más eficaces y con diseños modernos, incluso eléctricos, muchos aún prefieren conducir el modelo 600 de Fiat fabricado en 1955. Se podría pensar que los modelos más recientes de automóviles son superiores, pero si le preguntásemos a uno de los usuarios enamorados del Fiat 600, es probable que nos diga *"no se inventaron mejores autos que este, ¡mira como ruge ese motor!"* u otra respuesta similar. Y es que cada usuario o consumidor tiene su propia versión de lo que es lo mejor. Entonces cuando una persona dice *"quiero ser mejor"*, la primera pregunta que se nos viene a la mente es "¿para qué usuario o cliente?". ¿Para qué consumidor desea seguir mejorando el producto? ¿Quién es aquel/aquella/aquellos que dicen, o le hacen sentir que, así como es/está, es una peor versión?

¿Se acuerdan del Ideal del Yo y el Superyó? Esta exigencia, que en un principio parece estar destinada al terapeuta, es entonces una autoexigencia. Aunque el paciente no la vive como propia, sino que se siente exigido/a por Otro (sociedad, familia, el amor de su vida, etc.) a ser o tener. Entonces hay un supuesto deber incumplido y su reproche: *"Debo ser la más linda para que Juan siempre me ame, pero no lo soy"*, *"debo resolver el problema fi-*

nanciero de la empresa, para que mi jefe se dé cuenta de lo que valgo y aumente mi sueldo o me ascienda", etc.

Y entonces, ¿por qué le exigen al terapeuta? Porque es una negación en acto. Le reclaman a otro para que falle, y así poder acallar su autoexigencia al señalar con el dedo la falla ajena. Al demandar *"mejorar rápido"*, que de forma inconsciente saben que es imposible, intentan resguardar su Ideal del Yo, poniendo en falta al otro, en este caso al terapeuta: *"si no me curás rápido, entonces sos vos el mal terapeuta, y no yo el "mal paciente""*. Es un intento por desentenderse respecto a su falta, anteponiendo la falta del profesional tratante: *"vos (terapeuta) no sos "lo suficiente bueno"*.

Si no se establece una pregunta al respecto del propio accionar, la persona autoexigente está destinada a perseguir siempre "una mejor versión" que, cuando alcance, queda nuevamente obsoleta. Preguntas oportunas en estos casos son: ¿la pasa bien siendo siempre una "peor versión" para el otro?, ¿cuándo es suficiente?, ¿cuándo se llega a ser "la mejor versión"?

La aparente contracara de la exigencia es la autosuficiencia, ¿pero son realmente dos cosas opuestas? Algunos pacientes llegan al consultorio esgrimiendo estar preocupados por mantener en secreto que vienen a terapia. Más allá del temor a ser descubiertos en este acto de aparente "humillación" (¡qué nadie los vea pidiendo ayuda!), no es solo a los demás a quienes quieren engañar, sino también a sí mismos.

Por lo general los autosuficientes consultan cuando ya no soportan más sus síntomas y su padecimiento, y suele serles difícil empezar a hablar. Son los que más desconfían, e inclusive muchos se autoreprochan por dentro *"¿qué hago acá si no creo en los psicólogos?"* (¡como si de brujería se tratase!). Cuando su lengua "comienza a aflojarse", suelen relatar historias donde hubo un Otro que, en alguna o varias oportunidades los/as desilusionó o defraudó, no cumpliendo con sus expectativas. Estas decepciones fueron tan dolorosas, que como mecanismo de defensa se resguardaron en su propia autosuficiencia.

Una autosuficiencia que se caracteriza por, en la mayoría de los casos, estar acompañada de mucho enojo. Están furiosos con todos los demás porque no son "tan capaces como ellos", y con ello justifican que no piden nada a nadie y suelen hacer todo solos/as, buscando evitar verlo fallar nuevamente al Otro. Pero el enojo no solo está presente cuando los demás fallan, sino también cuando no ocurre: *"por culpa de estos inútiles no puedo descansar, ¡tengo que hacer todo yo!"*.

Son pacientes a los que les cuesta llorar en la sesión, ya que consideran que eso demostraría que no son tan autosuficientes como les gustaría ser (aparentar). El enojo es una de las tantas máscaras detrás de las cuales suele esconderse la angustia, y mediante él intentan negar el dolor que sintieron. En la superficie, solo hay ira y una historia heroica basada en ella: *"no me quedó otra alternativa que valerme por mí mismo/a"*. Viven defraudados por quienes los rodean, pero irónicamente, ellos/as viven haciendo como si fuesen perfectos para no defraudar a los demás, y, por ende, a sí mismos/as.

De este modo, los exigentes intentan trasladar la falla a Otro y así poder esconder la propia; mientras que los autosuficientes parten de la premisa de que el Otro es quien siempre va a fallar, y así justifican tener que estar siempre presentes haciendo las cosas que los demás no harán o harán mal. Una cosa es segura, en ambos casos el inútil es el Otro.

En el caso de la autosuficiencia hay un enojo constante, detrás del cual se esconde una gran angustia por no poder dejar de "ser perfectos". Son como Atlas, el titán que según la mitología griega sostenía al mundo. No pueden soltarlo porque temen que nadie más lo sostendrá. En el caso de los exigentes, saben (inconscientemente) que el mundo es tan pesado que no pueden sostenerlo, por lo que esperan a que otro intente levantarlo para señalar su fracaso y/o exigirle más, escondiendo así el hecho de que ellos tampoco podrían. Más allá de las diferencias, en ambos casos hay un punto en común: ellos, en apariencia, nunca fallan. Esta es la imagen que intentan sostener ante los ojos de los demás, no estando dispuestos a mostrarse incompletos, en falta o "fallados".

¿CUÁNDO ES EL "MEJOR" MOMENTO?

Siempre es hoy.

-Gustavo Cerati

En los dos capítulos anteriores, además de ejemplificar varios de los conceptos psicoanalíticos de una forma más práctica y amena, quisimos ayudar a todos aquellos que en algún momento pensaron en comenzar un tratamiento y al final no lo hicieron, convenciéndolos/as de que siempre es un buen momento para hacerlo, ya que los síntomas no se toman vacaciones.

Vale aclarar que no todos los que no empiezan o continúan un tratamiento, lo hacen a causa de su resistencia, pues esgrimir eso sería una trampa de marketing para argumentar que todos debemos analizarnos. Los ejemplos de excusas que damos son de personas que quieren dos cosas al mismo tiempo o, mejor dicho, no perderse de nada: seguir gozando de satisfacer lo que los demás desean de ellos, a la vez que quieren satisfacer sus propios deseos.

Y es por eso que no importa si no empezaron cuando "tuvieron" que hacerlo (cuando su ex los dejó, cuando los echaron del trabajo, etc.), porque esa es, en realidad, uno de los principales obstáculos para comenzar un tratamiento: necesitarlo. Iniciar un análisis es, a fin de cuentas, una elección que debe sostenerse con un deseo, ya que hacerlo por obligación (*"mi pareja o mi madre me obligó a venir"*) no está destinado a perdurar en el tiempo.

Como vimos antes, todas las excusas tienen en común ser intentos por ocultar la falta. Decimos que una terapia psicoanalítica se inaugura con una pregunta, ya que su mera formulación reconoce la existencia necesaria de una falta: la de una respuesta, que es la que el paciente viene a buscar. Y, por otro lado, afirmamos que el deseo es lo que sostiene el tratamiento, ya que cuando se acude desde la necesidad, se intenta "tapar" la pregunta resolviendo rápidamente el síntoma; mientras que cuando se hace desde el propio deseo (de saber), se permite sostener la pregunta sin la exigencia por encontrar una respuesta rápida que tape la falta de respuestas.

Recordemos que intentamos tapar nuestra falta para "vendernos" mejor, satisfaciendo así el deseo del Otro. Pero, en cambio, para satisfacer nuestro deseo debemos aceptar que algo nos falta y que por eso somos deseantes. Esta es la verdadera rivalidad: mostrarse completos buscando satisfacer al Otro o aceptarse incompletos para poder satisfacernos a nosotros mismos. Hay una batalla entre ambos tipos de deseos: los propios, o lo que queremos, y los ajenos, o lo que debemos. En esta guerra, el deseo ajeno (deseo del Otro) cuenta con varias armas a su favor, tales como el goce que sentimos al satisfacer a nuestro Otro y la represión, o la negación consciente, de ese deseo inconsciente.

Queremos recalcar, de nuevo, que el hecho de que alguien no quiera o pueda empezar una terapia, no supone necesariamente que siempre haya una represión en juego.

No todas las personas quieren comenzar un tratamiento psicoanalítico o, y más importante aún, no todas las personas están listas para hacerlo. La terapia psicoanalítica va más allá de los síntomas, y muchos son los casos donde es mejor dar por concluido el tratamiento con la solución puntual de ellos. El psicoanálisis no es una resolución específica a un "problema", sino que va más allá, apuntando a responder una pregunta más abarcadora: ¿por qué? No todos están preparados para hacer esa pregunta, o para responderla, y esto es algo que debemos obligatoriamente respetar.

NO HAY UNA VERDAD ABSOLUTA

Sólo hay una verdad absoluta: que la verdad es relativa.

-André Maurois

La conocida frase de George Orwell "la historia la escriben los vencedores", destaca algo importante: nunca la historia que se cuenta refleja de forma objetiva y real cómo ocurrieron los hechos pasados.

La historia nunca es, sino que se construye. En análisis, lo que pretendemos es reconstruir la historia personal, re-significarla. No vamos a terapia para cambiar el pasado, sino para darnos cuenta que la manera en la que hasta ese momento hemos relatado nuestra historia a los demás, y a nosotros mismos, no es la única versión posible de contarla, entenderla y recordarla. Pensémoslo con un ejemplo.

Nosotros no nos vemos, no estamos incluidos en nuestro campo visual, ya que nuestros ojos miran lo que se encuentra delante de nosotros. Sin embargo, muchas veces nuestros recuerdos son con una perspectiva visual en tercera persona, es decir, que aparecemos dentro de la escena. ¿Por lo tanto esos recuerdos son mentira? Si y no. No es que el acontecimiento recordado no ocurrió realmente, sino que es probable que no haya sido tal y como uno/a lo recuerda. La introducción de una perspectiva "recordada" que no es la misma que como la vimos en realidad, nos anoticia que el recuerdo no es exacto. Entonces ¿es más importante lo que pasó o como yo lo recuerdo?

En sus primeros escritos, Jacques Lacan sostuvo una división de la realidad en tres órdenes: el orden simbólico, el imaginario y el real. De esta forma, lo que Lacan intentó diferenciar es que existen dos realidades: una real y otra psíquica, constituida por lo imaginario (las imágenes) y lo simbólico (las palabras). Por ejemplo, si no tuviésemos el concepto de "animal doméstico" y la imagen mental de un perro, de encontrarnos con uno es probable que nos asustemos e intentemos huir o pelear. Las imágenes y las palabras (o conceptos) nos permiten captar el mundo, de una forma que sino haría que nos fuese por completo amenazante. A este encuentro con "lo real" puro, sin contar con imágenes mentales y/o conceptos que medien, Lacan lo llamó el "trauma". Entonces el "trauma" ocurre cuando nos encontramos con algo para el cual no estamos preparados, no tenemos ni las imágenes ni las palabras para poder darle un significado.

Debido a la diferencia entre lo real y la realidad psíquica, ante un mismo suceso (lo real) siempre hay diferentes modos de entenderlo. Un cuchillo, por ejemplo, no se usa solo como arma sino también como herramienta de cocina. Depende de quien nos hable del cuchillo, sí un cocinero o un asesino.

Respondamos entonces a la pregunta respecto a si es más importante lo que pasó o cómo se lo recuerda. Como terapeutas no es nuestra tarea "corregir" o "mejorar" la manera de pensar de nuestros pacientes, ya que, como venimos repitiendo, también somos seres humanos. Tenemos nuestros propios órdenes simbólicos e imaginarios, diferentes a los del paciente, y a los de otros terapeutas. El rol del psicoanalista es analizar el discurso del paciente, no determinar si es verdadero lo que dice, ya que sería una verdad juzgada desde otra verdad también susceptible de ser cuestionada. Entonces si un paciente cuenta que vio un elefante rosa, el trabajo del analista no será debatir sobre su existencia, sino hacerle hablar de ese elefante rosa, que al menos es lo suficiente "real" como para formar parte de la realidad psíquica del paciente que, a fin de cuentas, es la más importante. Del mismo modo, si dos hermanos tienen concepciones diferentes sobre la madre, siendo para uno la mejor y para el otro la peor del mundo, ambas serían verdaderas, pues las dos influirán en la relación que tengan, cada uno de ellos, tanto con la madre como, probablemente, con otras mujeres.

¿De dónde vienen estos conceptos e imágenes con las que entendemos el mundo? De nuestra educación y experiencia. El aprendizaje, tanto formal (colegio) como informal (experiencias, educación familiar, etc.) es un conjunto de imágenes y conceptos mediante las cuales entendemos el mundo e interactuamos con él.

Y, a su vez, este conjunto de conceptos, imágenes y explicaciones son, a fin de cuentas, un discurso. Hay muchos discursos: religiosos, políticos, biológicos, etc. El discurso es una aglomeración de conceptos e imágenes que nos es dada por otros ya portadores de ese discurso. Por ejemplo, desde el discurso político "de izquierda", quien proteja al capital será *"el enemigo del pueblo"*, mientras que desde el discurso "de derecha", todo aquel que defienda el rol del Estado como protector y benefactor será *"el enemigo del pueblo"*. Estos discursos se convierten en lentes desde las cuales vemos el mundo. Es importante señalar que nos vienen de afuera, de nuestro Otro. Veamos un ejemplo:

Verónica, una paciente de cincuenta y cinco años, se la pasa limpiando todo el día su casa. En algunas sesiones se queja de que nunca tiene "tiempo para ella". Indagando un poco más respecto a qué significa este "tiempo para ella", cuenta que siempre tuvo ganas de ser abogada penalista.

Se apasiona y prosigue su relato enumerando diferentes momentos en los que ante un hecho policial que ve en algún medio de comunicación, "si logra terminar rápido todo lo que tiene que hacer en la casa", se dedica a leer en Internet el marco legal de ese hecho en particular. A veces, se enoja con ella misma porque "pierde el sentido del tiempo" y se queda leyendo hasta tarde y que, "por su culpa", sus hijos y su marido comen más tarde de lo que deberían comer.

¿Imaginan cuál es el motivo de consulta? Ella acude al tratamiento muy angustiada, indicando que se distrae mucho de sus tareas domésticas, y que quiere concentrarse más en ellas para cumplirlas de forma más eficiente.

En una sesión, en medio de este castigo que se autoinflige por no cumplir con todos los quehaceres de la casa, se le escapa algo interesante: "¿Viste la nota del asesinato de ayer? Me distraje todo el día buscando información ¡y no llegué a limpiar el baño! ¡No puedo seguir así! Si me viera mi mamá me mataría". Se le pregunta porqué motivo la mataría la madre si la ve, y responde: "porque ella siempre terminaba todas las tareas de la casa antes de las seis de la tarde, para que cuando llegue mi papá encuentre la casa impecable. ¡Yo no llego ni a limpiar el baño a las diez de la noche!".

¡Eureka! Encontramos el discurso. El discurso mediante el que entiende lo que es ser una mujer: una buena ama de casa. Pero no es la única forma en que una mujer es mujer, valga la redundancia, y por eso seguramente muchos/as de ustedes, mientras leían el caso habrán pensando cosas tales como "está loca, ¿cómo va a dedicar toda su vida a limpiar la casa?". Parece ser que hay más de un discurso de lo que tiene o no tiene que hacer una mujer, ¿no? Y si hay tantos discursos, ¿cuál es el verdadero? ¿cuál nos da garantías de ser "el correcto"?

ESCUCHARSE A UNO/A MISMO/A

No conozco un valor mayor que el necesario para mirar dentro de uno mismo.

-Osho (Bhagwan Shree Rajneesh)

Sobre una misma temática, como por ejemplo qué es ser una mujer, vimos en el capítulo anterior que existen diferentes discursos o versiones. En el caso de Verónica, el discurso que ella "mamó" sostiene que la mujer tiene que ser una perfecta ama de casa, y también pudimos vislumbrar otro que concibe a una mujer ejerciendo una profesión, en su caso abogada.

No olvidemos que el motivo de consulta de Verónica es que el interés por la abogacía le hace perder el tiempo para ser el ama de casa perfecta. Se angustia por no poder cumplir con la mujer que el discurso "mamado" dicta, su Ideal del Yo, pero también porque su interés por el derecho es, desde aquel discurso, una pérdida de tiempo.

El síntoma es el resultado de la angustia producto del encuentro de dos "representaciones" opuestas, que dividen al sujeto en dos. En el caso de Verónica, queda dividida entre la representación "ser buena ama de casa" y la de "mujer profesional". Se dividió cuando para cumplir con el discurso mamado no estudió abogacía, y se vuelve a dividir cada vez que siente que "pierde el tiempo" leyendo sobre leyes. Sufre y se queja por no ser el ama de casa perfecta, pero sufre también por no seguir su vocación.

El discurso de su madre es el que la rige y le ordena, su discurso "modelo", lo que el Otro desea de ella. Pero el otro discurso, el que permite la representación de la mujer abogada, ¿qué es?; acaso ¿alguien le dijo que debía ser abogada, o le pidió que cuando salga una noticia policial, debía leer todas las leyes relacionadas? No, lo hace porque quiere, porque le gusta, y es en este interés por ser abogada donde podemos vislumbrar algo de su propio deseo.

Pese a esta rivalidad respecto al propio deseo y lo que los demás desean de nosotros, a veces se alinean los planetas y ambos van por un mismo carril, pero siempre con sus matices. Veamos el ejemplo de Tomás:

Tomás es un jugador de fútbol que concurre a terapia. Cuenta que ama su profesión y que, al mismo tiempo, se siente amado a causa de ella por los hinchas de su equipo, la prensa y los directivos del club. Sin embargo, está angustiado ya que dice no sentirse libre. Da como ejemplo que hace unos días cumplió años, pero como el festejo fue un día antes de jugar "el clásico", no pudo tomar alcohol como los demás invitados.

Luego recuerda que durante el nacimiento de su hijo sintió una angustia similar. Ese día se encontraba concentrando para un partido importante, por lo cual no pudo acompañar a su mujer ni estar presente durante el parto. Se queda callado, meditando, y al final sentencia: "amo el fútbol, pero últimamente estoy muy cansado, no tengo ni ganas de jugar el próximo partido, pero soy titular y no puedo faltar. No les puedo fallar".

Tomás no puede "faltar" o, mejor dicho, "fallar" al Otro (a sus compañeros de equipo, hinchas y todos los demás que lo amaban por ser jugador de fútbol). En su relato aparecen varios enfrentamientos entre su propio deseo y los deseos de los demás.

Se le pregunta qué es lo que en realidad le gustaría hacer a él si tuviese la libertad para elegir, y responde "me gustaría de vez en cuando tomarme una cerveza, comer algo fuera de la dieta deportiva, pasar más tiempo con mi familia. Pero intento no pensar en eso".

¿Por qué intenta no pensar en eso?, ¿qué le pasa cuando piensa en eso? Es en terapia, donde aquello que uno no quiere decir, o, mejor dicho, no quiere escucharse decir, comienza a oírse. Esto es doloroso, pero también aliviador.

CAMBIAR, SIN ESPERAR QUE CAMBIE EL OTRO

Todos piensan en cambiar el mundo, pero nadie piensa en cambiarse a sí mismo.

-*León Tolstói*

Los discursos son ordenadores pues, al conllevar ciertas reglas o leyes implícitas, dividen lugares e indican a quién le corresponde cada uno de ellos. Estos "lugares" son lo que se conoce como posiciones subjetivas. Si, por ejemplo, tomamos el discurso "mamado" por Verónica, hay un solo lugar preestablecido que una mujer puede ocupar para ser considerada "una buena mujer": el de la dedicación absoluta al hogar y al marido.

Y es que, cualquiera sea el ámbito, la única manera de saber cuál es nuestro lugar es conociendo cuáles no lo son, por estar prohibidos o penalizados. Todos nos encontramos con leyes que enmarcan las diferentes posiciones posibles, al establecernos ciertos límites: no matarás, no robarás, etc. Y los cumplimos, ya que hay una amenaza implícita de que, si transgredimos esos límites, una autoridad superior (Dios, un juez, etc.) nos da "nuestro merecido", cayendo sobre nosotros "todo el peso de la ley". Por ejemplo, en el caso de Verónica, de no cumplir con lo que el discurso espera de ella, sería sentenciada como "mala mujer", con la consecuente amenaza de ser castigada siendo abandonada por el marido y/o perdiendo el favor de su madre. En el caso de Tomás, el jugador de fútbol, de tomar alcohol sería sentenciando como "mal profesional" pudiendo, en consecuencia, perder la titularidad, que lo expulsen del club y/o que se lo trate de borracho irresponsable en los medios de comunicación.

De este modo, los discursos funcionan como una recopilación de leyes que dictan lo que se espera que un sujeto haga y lo que no, con una amenaza implícita en caso de incumplimiento. Como vimos antes, esta amenaza es ejercida por el Superyó, por esa "vocecita" en nuestro interior que nos dice que "estamos haciendo las cosas mal", que nos estamos alejando de lo que se desea de nosotros, de nuestro Ideal del Yo, es decir, de aquello con lo que nos identificamos como meta a cumplir: ser "un buen médico", "el más lindo", "el más inteligente", "una buena mujer".

El Ideal del Yo es aquello con lo que nos identificamos y que aspiramos ser para poder satisfacer por completo el deseo de los demás. Como es un ideal, es entonces utópico e inalcanzable, siempre nos va a faltar algo más para cumplirlo. ¿Cuántos ejemplos conocemos de famosos/as muy bellos que, sin embargo, se siguen sometiendo a reiterados tratamientos estéticos, incluso muchas veces con efectos contrarios a los esperados? Sin embargo, no dejan de hacerlo, pues tienen el autoconvencimiento de que "será el último", "el definitivo". Hay una repetición, o, mejor dicho, una repetición frustrada. Pero esta frustración, ¿es por no ser linda/o, o por no ser lo suficiente linda/o?

Todos estamos familiarizados con la frase "todos los hombres son iguales" (lo mismo aplica a mujeres). Pero ¿son todos los hombres iguales o los que, quien lo dice, elige de forma repetida? Cuando una elección, pese a frustraciones pasadas, se continúa repitiendo, como por ejemplo un "tipo" de hombre o mujer, nos da la pauta de que hay un cierto ideal inconsciente que se desea cumplir, en este caso un ideal de pareja. Pero como "todo lo que sube tiene que bajar", tarde o temprano esa persona se encuentra con la diferencia entre la realidad y lo idealizado, y consecuentemente se frustra, angustia y queja. Pero pasado un tiempo vuelve a "elegir lo mismo", ya que nunca pone en cuestionamiento su ideal o el discurso que lo sostiene, sino, en todo caso, a la ex pareja que "no dio la talla" y que no fue lo suficiente. Siempre se espera un cambio en el otro, pero la trampa está en que todo lo que se consigue siempre es imperfecto si se lo compara con un ideal.

Es cierto que sostener un ideal como intocable, sin cuestionarlo, nos evita tener que "conformarnos", ya que en ese caso debemos también aceptar que nosotros tampoco somos lo suficiente perfectos/as. Pero si logramos dar ese paso, corrernos del todo blanco o todo gris, se habilitan ciertas opciones que hasta ese momento no eran consideradas: los grises.

De este modo, Verónica podría ser una ama de casa, pero no perfecta, ya que también dedicaría tiempo a la abogacía; o en el caso de Tomás ser un jugador profesional de fútbol, pero sin resignar ni a su familia ni otros placeres por ello, buscando un club que acepte dicha condición pese a que tal vez nunca consiga ser el balón de oro. Y es que a fin de cuentas no se puede todo, ¿no?

NO ES QUE ESTÉ MAL, SINO QUE TE HAGA MAL

No es signo de buena salud el estar bien adaptado a una sociedad profundamente enferma.

- Jiddu Krishnamurti

Durante el transcurso de una terapia, muchos pacientes suelen consultar, en determinado momento, si algo de lo que son o hacen está bien o mal. Si los psicólogos respondemos a esa pregunta tanto sea afirmando o negando, estamos de ambas formas equivocados.

Como vimos en el capítulo anterior, los discursos son leyes sostenidas por una autoridad. Si los analistas dictaminamos sentencia respecto a las preguntas de un paciente, nos estaríamos colocando en una posición de autoridad al aplicar las leyes que, desde nuestro discurso, dicen si algo es bueno o malo. Los terapeutas, como sujetos, también tenemos una posición subjetiva en nuestro discurso, y al apreciar algo como "bueno" o "malo" es imposible hacerlo de una forma neutral y objetiva.

El paciente hace estas preguntas porque necesita ordenarse en un discurso, necesita ser amado, necesita de una autoridad (en este caso el terapeuta) que lo/a reconozca y acepte. Amado, en el buen sentido: "hacer las cosas bien para mi psicólogo/a". El analista tiene que correrse de ese lugar, ya que sino otra vez se repetiría la escena del paciente intentando satisfacer el deseo de Otro. Es lo que llamamos proyección, es decir, en ese caso el paciente proyecta en el analista el rol de autoridad de su discurso.

El objetivo del tratamiento es que el propio paciente sea el juez de su vida, para no vivir enjuiciado el resto de su vida por los demás. Por ello, en todo caso, la pregunta correcta y la cual debe responder el paciente es: ¿te hace bien o mal?, ¿te angustia no tomar alcohol en tu cumpleaños?, ¿te angustia no haber estudiado derecho?, etc.

El terapeuta, para no posicionarse como autoridad, debe "jugar por fuera". Es un error imperdonable por parte del profesional intentar "corregir" a sus pacientes. A veces los relatos de los pacientes nos despiertan sentimientos tales como horror o tristeza, y es por eso que adquiere tanta relevancia que tengamos nuestro propio espacio terapéutico para hablar de ese "horror", a fin de evitar que desde ese sentimiento intentemos cambiar al paciente para dejar de sentirlo. Veamos el siguiente ejemplo:

Una paciente concurre a terapia a causa de los conflictos con su pareja y una posible separación. La terapeuta tratante, por su parte, atravesó un divorcio difícil unos meses atrás y siente un completo alivio por haber terminado esa relación que tan mal le hacía y que no terminó en los mejores términos.

Si la psicóloga fuese, en cambio, una amiga de la paciente, es probable que le dijera en un bar, entre copas: "dejalo a Juan, al final los hombres son de lo peor. No sabes lo feliz que soy desde que estoy soltera" o cosas similares. Pero no es la amiga, ¡es su psicóloga!, y como tal, sus experiencias y juicios personales tienen un lugar que no es el del tratamiento de sus pacientes, sino su propio tratamiento.

Los terapeutas tenemos nuestra propia terapia, entre

otras cosas para poder dejarnos por "fuera" al momento de analizar a nuestros pacientes. Y esa es una de las principales diferencias entre contarle los problemas a un terapeuta y a un amigo/a. A fin de cuentas, los terapeutas somos de carne y hueso, y nos pasan cosas como a todos; pero hemos estudiado y tenemos nuestro propio espacio de terapia para lograr mantener la objetividad necesaria para que el paciente decida por sí mismo/a si quiere ser abogada o ama de casa, futbolista profesional o semi-profesional, etc. La objetividad se consigue solo permitiendo que esas preguntas sean respondidas por el propio paciente.

LO IMPORTANTE DE UN ESPACIO PROPIO

El hombre más sensato y virtuoso lo es sólo en apariencia gracias a las pequeñas locuras que se permite en privado.

-Augusto Roa Bastos

La terapia es un espacio en el cual uno/a puede frenar un poco y escucharse decir algo que antes, por no decir, se hizo síntoma (fobia, enfermedad psicosomática, ataque de pánico, etc.). Por eso decimos que la cura está en la palabra.

Como ya vimos, el síntoma es el encuentro entre dos representaciones opuestas, que de forma simplificada son lo que uno/a desea en oposición a lo que desean de uno/a. Sin olvidarnos de que lo que desean de nosotros también es a fin de cuentas un deseo propio, el deseo de ser deseado. Ambos son deseos propios, pero uno de ellos desea ser el deseo del Otro.

Jacques Lacan esbozó una pregunta maravillosa: "¿Has actuado en conformidad con *tu* deseo? La confrontación del paciente con su verdadero deseo no implica luego una obediencia ciega a este. Aquí es donde aparece la responsabilidad subjetiva. Somos responsables sólo cuando tomamos una decisión, que puede ser tanto por una opción u otra, pero nunca por ambas, ya que sería elegir no elegir. Algo siempre se pierde.

En una consulta psicoanalítica, el meollo del asunto radica en apuntar hacia la dirección en la cual el paciente pueda escuchar qué discurso es aquel que lo atraviesa, que habla a través de él/ella, y de esta forma entender a qué Otro es al cual quiere ser deseable y cómo. Este proceso lo hace acompañado por su terapeuta, pero es el propio paciente quien debe decirlo, para así resonar en él/ella esta gran verdad. Si lo dice el terapeuta, un amigo o un familiar, no genera ningún efecto. La palabra cura porque solo podemos hacernos cargo de nuestra propia palabra que, una vez dicha, por más que uno quiera "borrar con el codo lo que escribió con la mano", queda la marca en el codo. Podemos negarle a los demás lo que hemos dicho, pero no a nosotros mismos.

Es en este punto donde radica la importancia del espacio terapéutico. No es un espacio mágico y místico, donde por decir las cosas rodeado de alfombras, sillones y/o divanes, nos curamos. El espacio terapéutico no es solo un lugar, sino también el día y la hora fijada para ir todas las semanas a ese lugar.

Esa hora del día de todas las semanas en un mismo lugar, es lo que conforma el único espacio donde el paciente puede "desvestirse" de las máscaras y disfraces que usa en su rutina diaria (disfraz de ama de casa, de estudiante, de empleado, de jefe, etc.), es decir, de todas esas capas con las cuales se fue rodeando a lo largo de la vida considerando que así sería más deseable. Y todo esto se puede hacer solo si el terapeuta no se posiciona como una nueva autoridad, ante la cual el paciente se avergüence de "mostrarse desnudo/a" y tema no ser lo suficiente deseable para el analista.

PRIORIZARSE UNO/A MISMO/A

Me tomó mucho tiempo aprender a no juzgarme a mí misma a través de los ojos de otro.

-Sally Field

El verdadero deseo, el propio de cada uno, sólo puede aparecer luego de escudriñar en todas las identificaciones hechas de forma inconsciente con el fin de convertirnos en aquello más deseable para nuestro Otro. Ya que el propio deseo, el que no se relaciona con nuestro Otro, se encuentra debajo de todas esas capas. Esto no significa que luego de una terapia dejamos de ser nosotros mismos/as. Podríamos partir de la premisa de que en realidad nunca fuimos nosotros mismos, sino aquello que consideramos que debíamos ser para los demás, ¡pero no vamos a ser tan crueles!

El encuentro consciente con las identificaciones inconscientes, no es con el fin de dar una vuelta de 180° grados en nuestra vida. El fin de una terapia es la responsabilidad subjetiva. Se es responsable no solo cuando se dice que sí, sino también cuando se dice que no. No es lo mismo ser *tal cosa* porque los demás quieren *tal cosa*, que porque yo decido y quiero ser *tal cosa*. *Tal cosa* cada uno/a la substituirá por lo que quiera. No es lo mismo ser médica porque los demás quieren médicas, que porque yo quiero ser médica; o no es lo mismo ser un hombre musculoso porque los demás quieren hombres musculosos, que porque yo quiero ser un hombre musculoso.

Cuando uno/a ya no se disfraza de médica, de hombre musculoso, o de otra cosa para ser deseable para los demás, sino que están alineados el actor/actriz y el personaje interpretado, es donde puede darse por concluido el proceso terapéutico.

FIN DE TERAPIA Y EL "FIN" DE UNA TERAPIA

La libertad significa responsabilidad; por eso la mayoría de los hombres le tienen tanto miedo.

-George Bernard Shaw

Ningún paciente se "cura" de manera definitiva, ya que, en realidad, el fin de un análisis es la aceptación de la no-completud, de la existencia de un "cachito" inabarcable. Por lo tanto, debemos como terapeutas y como pacientes, aceptar que, en esto también, siempre quedará un "restito" de sufrimiento irreducible y que es, a fin de cuentas, inherente a la vida.

Pero sí podemos afirmar que se llega a un punto en el cual el paciente deja de ser paciente. Y, ¿cuál es ese punto? El fin de una terapia es la aceptación por parte del paciente de lo no totalitario. Nada es todo, y todo no es nada. Solo así aprende a ceder, a aceptar que siempre hay "pérdidas", que nada es absoluto. De esta forma un paciente "curado":

· **Respecto a sí mismo/a:** deja de sostener el doloroso proceso de querer o creer ser la persona más significante de todas, al tiempo que también deja de considerarse lo más insignificante. Así, se acepta y tolera más.

·**Respecto a su relación con los otros:** al aceptar y tolerar más a sí mismo/a, puede hacerlo también con quienes lo rodean. No exige la absoluta perfección de quienes lo rodean, dejando así de frustrarse en cada nuevo intento. Se permite hacer concesiones y, de esa manera, se posibilita amar y amarse.

. **<u>Respecto a la posición de espera</u>:** Cuando uno llega a análisis espera que los demás cambien. Un fin de análisis trata de que el sujeto deja de esperar del otro para cambiar. No podemos cambiar al otro/a, pero si podemos cambiar frente al otro/a, y así toda la escena cambia.

· **<u>Respecto a las pérdidas y al sufrimiento</u>:** ha comprendido que perder aquello que considera como lo más preciado (amor, salud, bienes materiales, etc.), nunca es perderlo todo. Las pérdidas no son absolutas, sino relativas. Soporta mejor el dolor, entendiendo que no es algo definitivo y que la vida continúa, ya que lo traumático no es el evento trágico, sino la manera de interpretarlo.

. **<u>Respecto a la pregunta</u>:** El paciente llega "sujeto" de un padecimiento. Un psicoanálisis le permite tomar una posición activa de ese padecimiento, pasando de ser objeto a ser sujeto. Donde siendo sujeto puede preguntarse ¿qué tengo que ver yo con todo esto que me pasa?

EL ROL DEL TERAPEUTA

Oigo lo que dices en lo que no dices.

-Alejandro Jodorowsky

Hasta aquí hemos logrado hacer un recorrido bastante general respecto a los términos psicoanalíticos, y también los aplicamos a diferentes ejemplos. Ya tenemos una visión un poco más clara respecto a qué es el padecimiento, que a fin de cuentas se debe al encuentro entre dos representaciones distintas que bien podemos simplificar como aquello que verdaderamente deseamos y aquellos que desean de nosotros. También entendimos que el objetivo de un tratamiento psicoanalítico es hacer consciente el conflicto inconsciente entre ambas representaciones, y que el paciente se haga responsable de su deseo, tanto sea para consumarlo o rechazarlo.

Nos resta hablar respecto a qué hace el terapeuta en este proceso. Muchas veces se considera al psicoanalista como alguien silencioso, que se comunica solo con "mmm" como si fuese una vaca mugiendo. Pero, ¿es en realidad así?

Por definición semántica, un psicoanálisis es el análisis de la psiquis (mente), mientras que un análisis es un examen detallado de una cosa mediante la separación de sus componentes. Por lo tanto, es un proceso de investigación, y como toda investigación, surge con el fin de poder responder a una o varias preguntas. De esta breve definición podemos extraer que el psicoanálisis es una investigación donde se separa la totalidad en sus partes, y que hay preguntas a ser respondidas.

Un psicoanálisis debe, por tanto, comenzar con una pregunta. Cuando alguien acude al consultorio con una necesidad, por ejemplo "necesito dejar de sufrir", no hay una pregunta aún instalada. El terapeuta debe lograr que el paciente torne esa demanda de satisfacción de una necesidad, en una pregunta: ¿por qué sufro? Hemos dicho varias veces a lo largo del libro que para sostener un tratamiento es necesario un deseo, ya que una pregunta lleva implícita la existencia de un deseo, el de saber. Pero en terapia no es el único deseo en juego, también está el querer curarse, que no es lo mismo que necesitar dejar de sufrir.

Necesitar es diferente a querer, pues la necesidad conlleva una cierta urgencia mientras que el deseo puede esperar su satisfacción. Una persona que ha pasado varios días sin comer comería lo primero que pueda, ya que hay una necesidad biológica que requiere una satisfacción inmediata y urgente, pues de ello depende la vida de esta pobre persona. En cambio, el "hambre" cuando decidimos por ejemplo ir con nuestra pareja a cenar afuera, es un deseo, y como tal nos tomamos nuestro tiempo para leer el menú, pedirle sugerencias al mozo, etc.

El psicoanálisis, si bien es un proceso de investigación, difiere de otras investigaciones científicas. Esto se debe a que se busca investigar algo que en realidad ya se sabe, pero de forma inconsciente; es decir, busca hacerse consciente un conocimiento inconsciente. El investigador no es más que el paciente, que al igual que un científico, sostiene el proceso en su deseo de saber. El terapeuta es el asistente de laboratorio, pues es quien no debe saber nada en todo este proceso, y ahí está la complejidad: el analista debe olvidar sus pensamientos, deseos, prejuicios, sentimientos. Debe dejarlos fuera del consultorio, para que solo se pongan en juego los del paciente. En este sentido es que se dice que el analista debe jugar "como un muerto", aunque es cierto que muchos terapeutas pecan de tomarlo demasiado al pie de la letra.

De esta manera, el analista se vale de la única herramienta de la cual dispone, la atención flotante, que no es otra cosa más que prestarle la misma atención a todo cuanto diga el paciente sin hipotetizar, pues sino se centraría en algo, perdiendo de vista lo demás. Cualquier focalización siempre es subjetiva, y algo que le parezca importante al terapeuta, puede no serlo para el padecer del paciente.

El paciente, por su parte, debe cumplir una sola regla, la de asociar libremente. Se compromete a decir todo aquello que le venga a la mente, sin descartarlo por considerarlo como algo tonto o vergonzoso. Ya que muchas veces es la resistencia la cual nos hace descartar lo que estamos por decir. La trampa radica en que, en realidad, no existe una asociación totalmente libre. Recordemos que la formulación de Sigmund Freud del inconsciente fue la tercera herida narcisista: nada es libre en nuestro albedrío, ya que nuestros hilos son movidos por nuestro inconsciente excepto cuando intermedia nuestra consciencia (con el asco, la vergüenza, el temor, la moral, etc.). Al invitar al paciente a asociar de forma libre, lo que se busca es que su consciencia se calle y permita al inconsciente "hablar". ¿Para qué? Para que el propio paciente lo escuche o, mejor dicho, se escuche.

Dijimos que un análisis es la separación de una totalidad en sus partes, y esto se debe a que los conjuntos muchas veces nos impiden apreciar los componentes. ¿Sintieron alguna vez que les pasaban demasiadas cosas, como una gran bola de nieve, pero al querer contarlas no saben por dónde empezar, como si todo fuese lo mismo, pero al mismo tiempo diferente? Para hacer este trabajo de "separación", el terapeuta se vale de sus intervenciones y silencios y, como si fuesen un bisturí, "corta" como un cirujano el discurso del paciente. Aquí es donde también adquiere importancia el corte de sesión.

¿Y cuáles son los componentes que el analista separa? Lacan diferenció la existencia de dos tipos de palabras: palabras plenas y palabras vacías. Las palabras vacías son el discurso consciente y corriente, mientras que las palabras plenas son aquellas que no están presentes todo el tiempo, sino que solo aparecen en ciertos momentos privilegiados llamados "formaciones del inconsciente": síntomas, sueños, lapsus, chistes. Es en las palabras plenas donde el inconsciente hace su aparición y la palabra se confiesa sin querer, diciendo algo que no se pensaba o quería decir. El analista corta palabras plenas, para separarlas de las vacías.

De este modo, el psicoanálisis valiéndose de la asociación libre y de la atención flotante, sosteniéndose en el deseo del paciente de saber y de sanar, con la neutralidad del analista, es un proceso de investigación cuyo material de estudio es la historia personal del paciente. Se busca cortar esa historia en sus componentes a fin de ir resignificando cada uno de ellos, haciendo consciente los mecanismos inconscientes, que por ser inconscientes se siguen repitiendo. Se vuelve al pasado, resignificándolo, con el objetivo de que el paciente no se quede viviendo en él el resto de su vida. A fin de cuentas, un psicoanálisis es un proceso de reflexión, donde el paciente transita un diálogo consigo mismo, en un proceso de ida y vuelta entre su pasado y presente, para cambiar su futuro.

AGRADECIMIENTOS

Antes de terminar este libro queremos agradecer a varias personas que posibilitaron su realización.

A Diego, el ilustrador de nuestras "imágenes rojas", varias de las cuales acompañan este libro. Gracias por siempre lograr transmitir con mucha claridad las situaciones e ideas que te pedimos.

A todos los miembros y colegas de la red, en Argentina, en Uruguay y en Brasil. Gracias por confiar en nuestro proyecto y por continuar apostando en él.

A nuestras familias y amigos. Gracias por ser nuestros "conejillos de indias", leyendo primero el libro, para decirnos si se lograba entender algo de este jeroglífico.

A todos nuestros pacientes. Gracias por permitirnos acompañarlos y ayudarles en cada sesión.

A todos los seguidores de nuestras redes sociales. Gracias por acompañarnos desde el comienzo de este gran proyecto, y por enviarnos día a día su afecto pese a no conocernos personalmente e incluso, en muchos casos, encontrarnos a varios miles de kilómetros de distancia. ¡Ustedes fueron los que nos impulsaron a escribir este libro!

Y por último a vos, que llegaste hasta acá, que te tomaste algunas horas para leernos. ¡Gracias por el tiempo que dedicaste a leer este libro! Y si te gustó y lo encontraste útil, te estaremos muy agradecidos si dejas tu opinión en Amazon, ya que nos ayudará a seguir escribiendo en relación a esta y otras temáticas. Tu apoyo es muy importante, además del *feedback* para hacer mejores libros.